这就是科学
超市

米莱童书 著·绘

藏在身边的博物世界

北京理工大学出版社
BEIJING INSTITUTE OF TECHNOLOGY PRESS

序

近年来,自然博物类好书不断,总能让读者眼前一亮。而摆在我们面前的这套《这就是科学:藏在身边的博物世界》,也着实令人惊喜不已!

"科学"产生之前,先有的"博物"。"博物"可以包含什么内容?诸如本套书之分册——超市里、公园中、我的家,以及在海洋馆和博物馆内,都有无数的"物"。这些"物",不仅有动物、植物、古生物、微生物、矿物,还有食物、谷物、作物、药物、文物、器物、饰物、化合物、混合物、吉祥物……

博物学,可以理解为人类之于自然万物的观察、记录、分类、描述等活动,它包括但不限于天文、地理、生物、生态、环境等学科所涉及的内容。可以说,博物学是一门非常古老的学问,尤其在我国,从《诗经》《山海经》《尔雅》,到后来历朝历代相关的"博物志""地方志",甚至志怪类小说,都不乏对动植物的记录、解释或训诂。

我们小时候,在护城河游泳,掏鸟窝,粘知了,捉蝴蝶和蜻蜓,可以玩泥巴,拔老根儿……我家在天坛公园附近,儿时,打开窗户便可见"两个黄鹂鸣翠柳",出门就有"一行白鹭上青天"。

而今天的小朋友,已经完全没有了那些"实践",他们不是通过自己的观察、研究以及探索而获得的知识,而是通过手机,或者互联网、社交媒体等途径获得的一些知识,与其说是知识,不如说是零碎的信息,或者片面的结论。

2010年,我到国家动物博物馆工作之初,便积极倡导"博物学启蒙教育"。正是希望孩子们能够回归大自然,找回他们的自然属性。我们人类是地球、大自然的一分子,通过博物学启蒙教育,让孩子们不仅知识丰富,即博学,而且更要有博爱的情怀,让他们学会如何发现美,如何感受善良,如何体会到什么是真爱!最终他们成人之后,可以做到"博雅""博智"。

我相信,这套书的初衷,就是将我们在生活中发现的各种有趣的、好玩儿的、新奇的事情和小朋友们分享。希望每一位小读者"多识于鸟兽草木之名",博学、博爱、博雅!是为序。

张劲硕 博士、研究馆员
国家动物博物馆副馆长
2022年8月31日于动博

目 录

- 水产区里的"谋杀案" —— 06
- 水果王国的新元帅 —— 22
- 蔬菜里的"水果间谍" —— 32
- 禽畜大逃亡 —— 44
- 家常菜里的酸、甜、咸、辣 —— 60

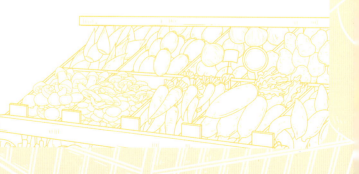

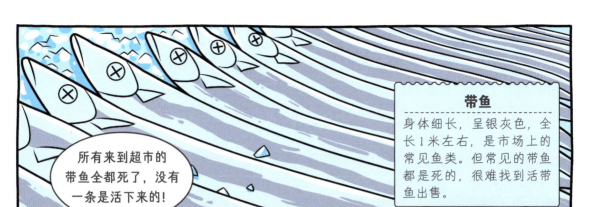

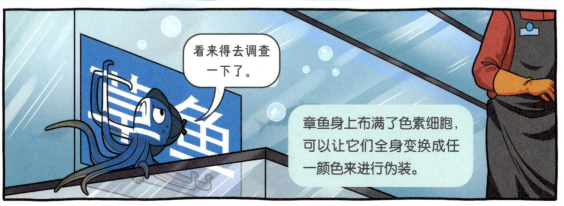

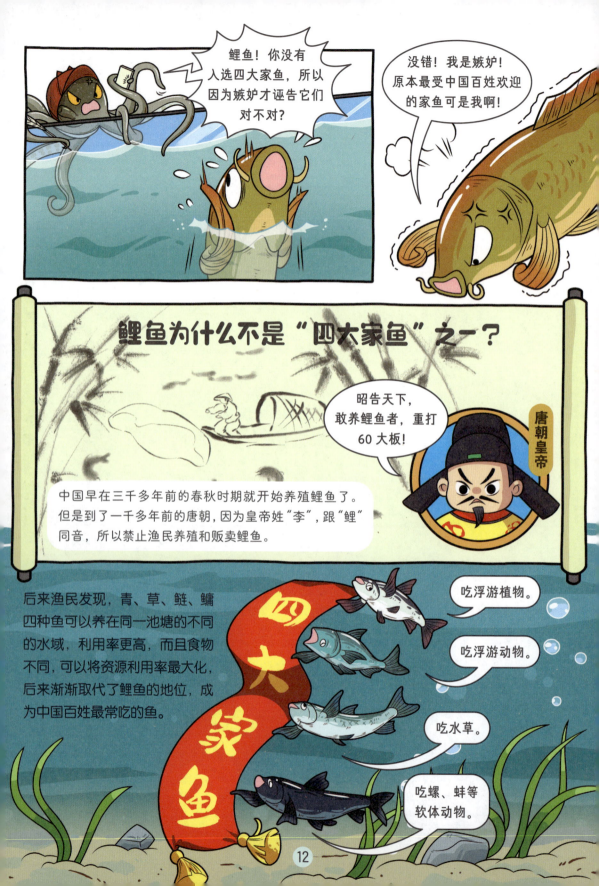

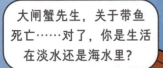 

#

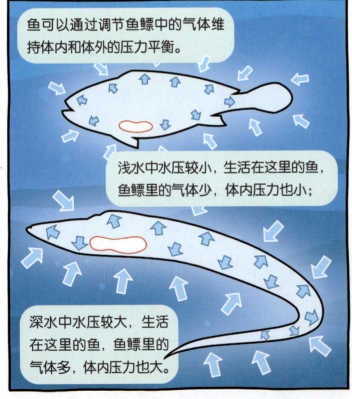

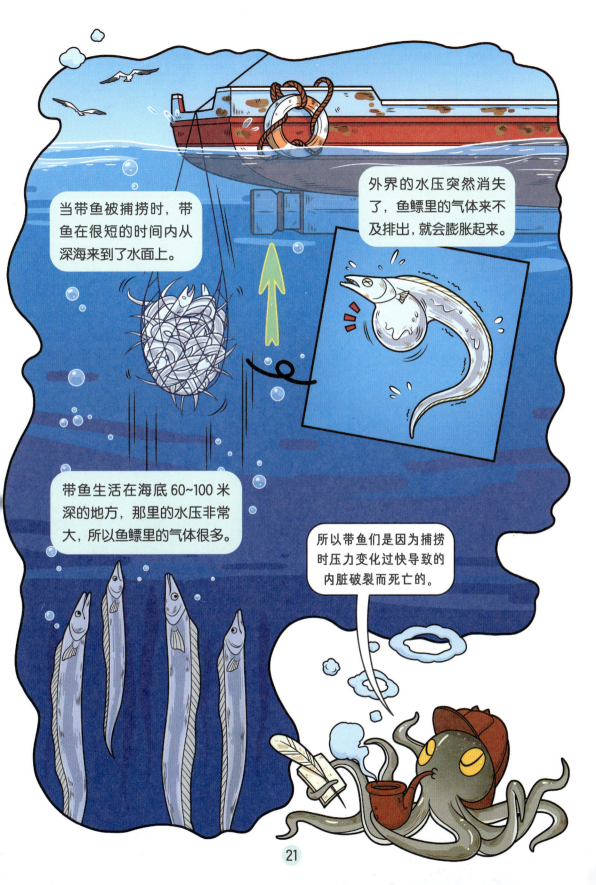

蔬菜王国与水果王国经常因为争夺地盘而交战。

后来蔬菜王国与粮食部落结盟,水果王国吃了一场败仗。

水果之王·苹果

可恶,没想到它们联合起来这么厉害!

苹果果肉露出后,很快会变色。这是果肉中的酚类物质被空气中的氧气"氧化"导致的。

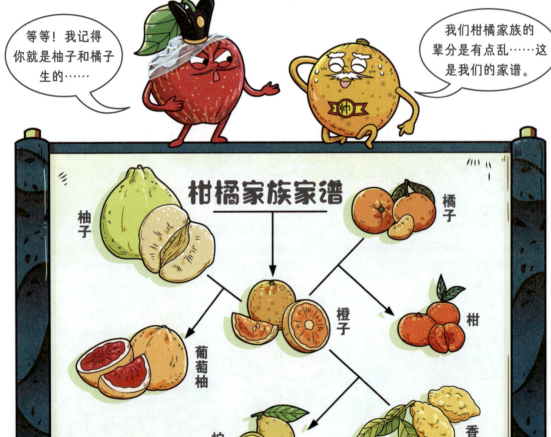

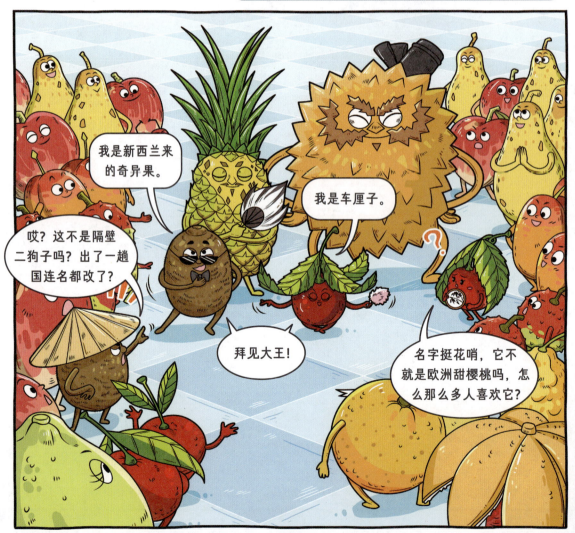

奇异果与猕猴桃

猕猴桃原产中国南方,因为当地的猕猴很爱吃而得名。在100多年前,猕猴桃被带到了新西兰,于是当地人就用新西兰国鸟——奇异鸟为其命名为"奇异果"。

所以猕猴桃是本土品种,奇异果是外国品种,它们其实是一种水果。

车厘子和樱桃有什么不同?

车厘子皮更厚,颗粒较大,果肉更厚,比樱桃更容易保存。

车厘子

保质期:5~7天

车厘子是欧洲甜樱桃,和樱桃是同属不同种的关系。

未熟透保质期:7天

熟透保质期:1天

樱桃

樱桃颗粒较小,熟透后很甜,但不易保存,所以市场上常见的都是未熟透的樱桃,有点酸。

粮食

大米
- 前身　水稻
- 属性　禾本科-稻属
- 特点　养活了世界一半人口。

面粉
- 前身　小麦
- 属性　禾本科-小麦属
- 特点　纯白无瑕，柔软细腻。

大豆
- 别称　黄豆、毛豆
- 属性　豆科-大豆属
- 特点　世界上最重要的豆类。

❸ 蔬菜里的"水果间谍"

　　蔬菜货架色彩缤纷：紫亮亮的茄子、红彤彤的番茄，还有绿油油的白菜……它们形态各异，分属于植物的不同部位。但这些蔬菜里怎么还混入了"敌军"，赶快找出它是谁？！

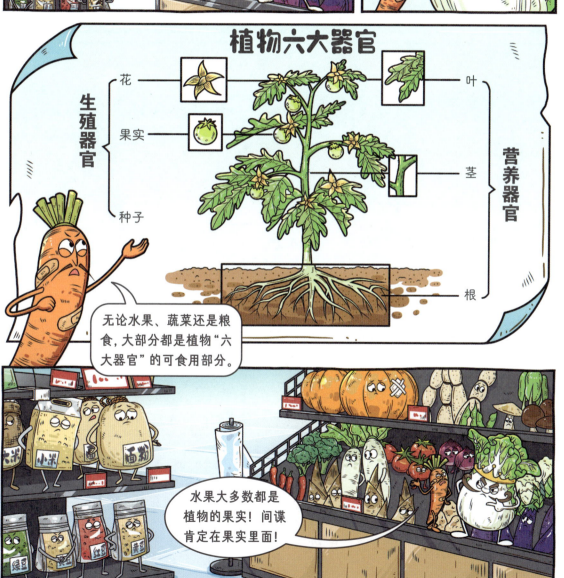

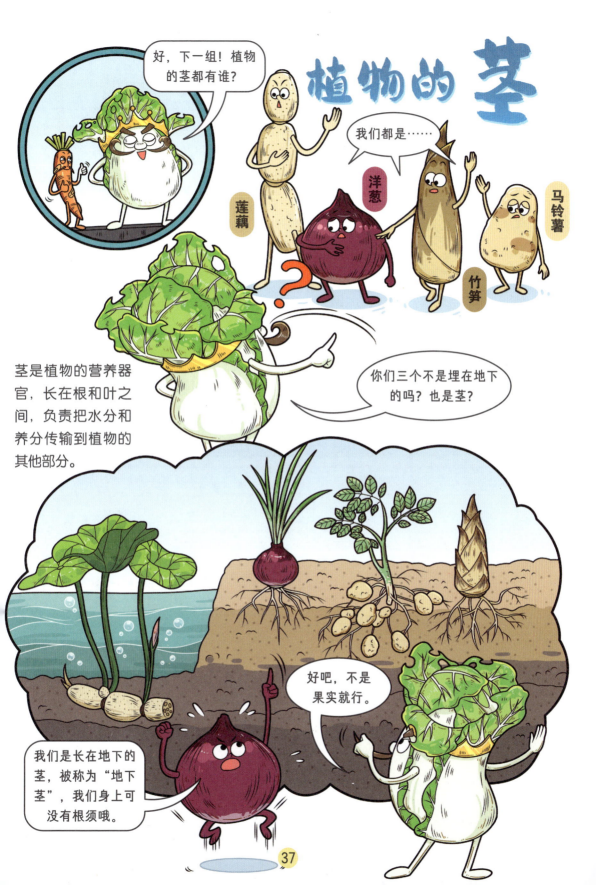

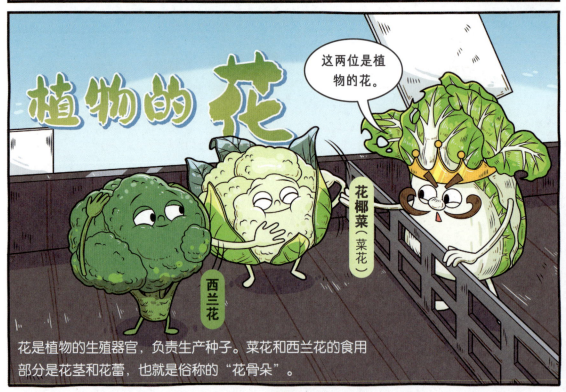

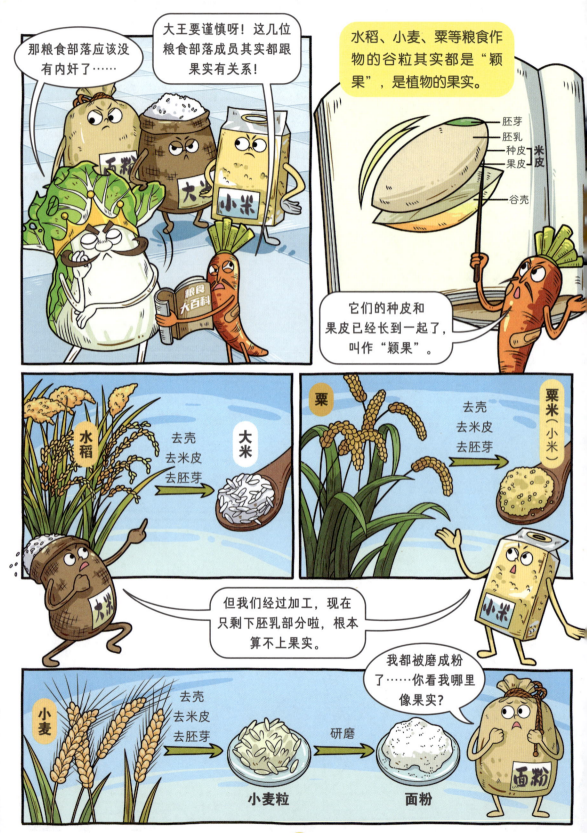

西红柿是蔬菜还是水果？

国际上认为番茄既是水果又是蔬菜。但在我国，番茄被普遍认为是蔬菜。

在我国，樱桃番茄被普遍认为是水果。

樱桃番茄

俗称圣女果，起源于南美洲。现在的大型番茄就是由野生樱桃番茄不断培育而得来的。

一只公鸡会与几只到几十只母鸡组成家庭。公鸡负责保护家庭成员,母鸡负责孵化和养育小鸡。

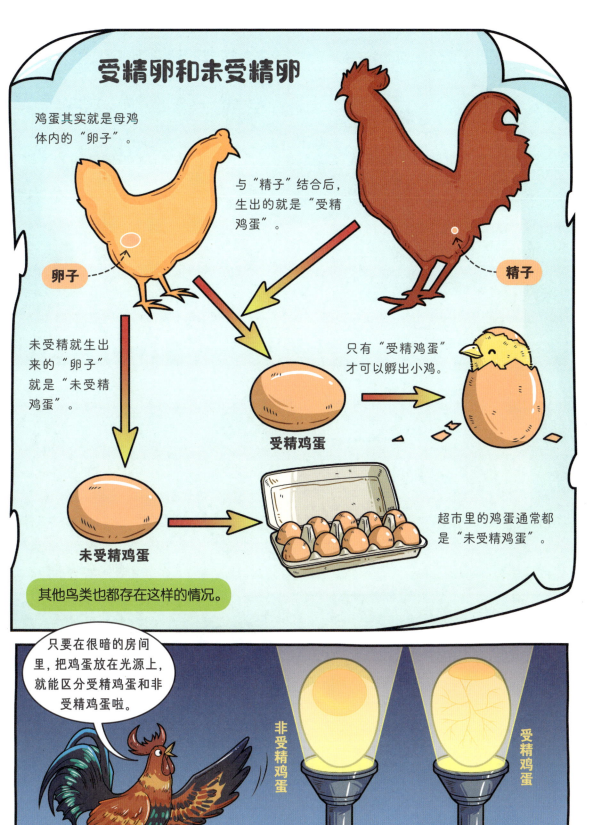

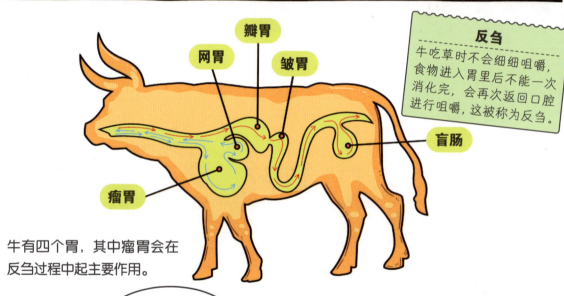

鸡鸭的祖先原本飞行能力都不错，红原鸡能轻易飞上树梢，鸭的祖先绿头鸭可以长途飞行。是几千年的驯化和选育导致了鸡鸭飞行能力的退化。

羊有时也会把纸当作食物吃掉，因为纸也是用植物的纤维制造的，含有植物的气味。

⑤ 家常菜里的酸、甜、咸、辣

中国人从几千年前就开始使用各种味道的调料了。它们按照味道可以分为酸、甜、辣、咸、鲜五种。

它们是怎么制成的，又有哪些功效呢？一起来看看吧。

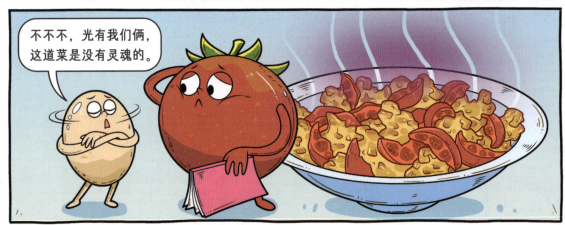

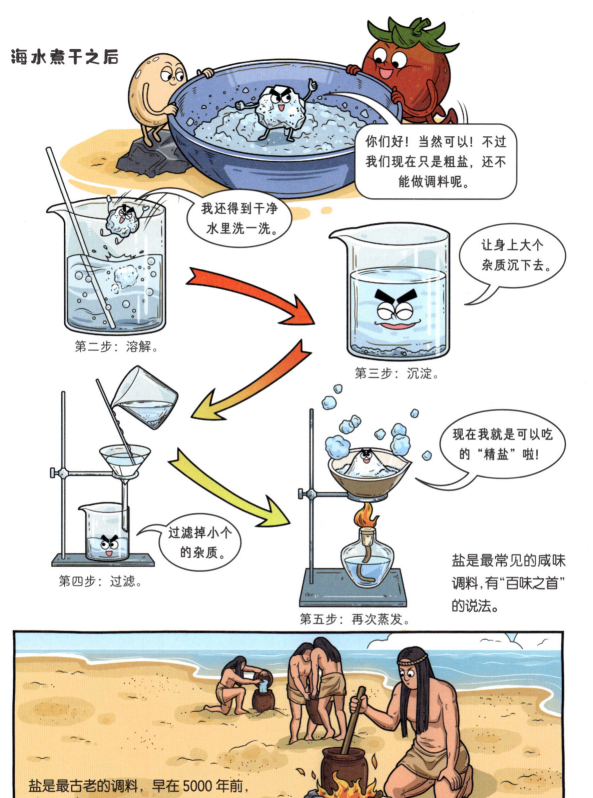

鸡蛋里面含有一种叫作"谷氨酸"的物质。"谷氨酸"和盐在一起加热就会变成"谷氨酸钠",这其实就是味精的主要成分,味道已经很"鲜"了。

如果再加味精,会破坏原来的鲜味,对身体也没有好处。

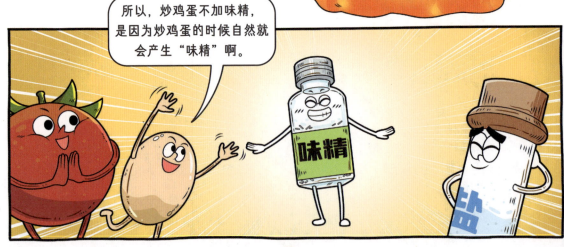

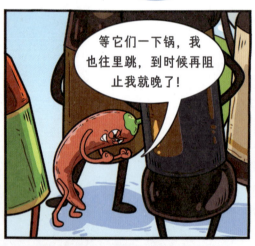

本书物种的博物学分类

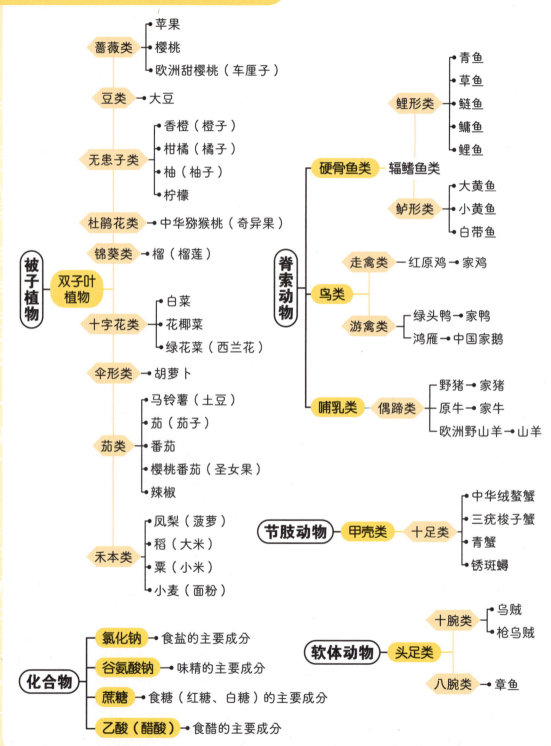

作者团队

审读推荐 张劲硕 中国科学院动物研究所国家动物博物馆副馆长

全书审读 史 军 中国科学院植物研究所博士

脚本知识作者 李维阳 笔名二猪,科普作家,自幼喜爱动物,热爱大自然,笃爱博物学,曾饲养过300多种动物,长期致力于青少年博物学科普教育,在中央电视台、北京广播电视台、中国科协等多家媒体机构担任常驻嘉宾、科学顾问等。

米莱童书

米莱童书是由国内多位资深童书编辑、插画家组成的原创童书研发平台。旗下作品曾获得2019年度"中国好书",2019、2020年度"桂冠童书"等荣誉;创作内容多次入选"原动力"中国原创动漫出版扶持计划。作为中国新闻出版业科技与标准重点实验室(跨领域综合方向)授牌的中国青少年科普内容研发与推广基地,米莱童书一贯致力于对传统童书进行内容与形式的升级迭代,开发一流原创童书作品,适应当代中国家庭更高的阅读与学习需求。

策 划 人: 刘润东　王琪美

原创编辑: 王晓北

漫画绘制: Studio Yufo　露可一夏美术工作室

装帧设计: 张立佳　刘雅宁　辛 洋　苗轲雯

版权专有　侵权必究

图书在版编目（CIP）数据

这就是科学：藏在身边的博物世界：全5册 / 米莱
童书著绘. -- 北京：北京理工大学出版社，2023.4（2025.3 重印）
　ISBN 978-7-5763-2208-8

Ⅰ.①这… Ⅱ.①米… Ⅲ.①科学知识—少儿读物
Ⅳ.①Z228.1

中国国家版本馆CIP数据核字(2023)第048563号

出版发行	/ 北京理工大学出版社有限责任公司
社　　址	/ 北京市丰台区四合庄路 6 号
邮　　编	/ 100070
电　　话	/（010）82563891（童书出版中心）
网　　址	/ http://www.bitpress.com.cn
经　　销	/ 全国各地新华书店
印　　刷	/ 雅迪云印（天津）科技有限公司
开　　本	/ 710毫米×1000毫米　1 / 16
印　　张	/ 25
字　　数	/ 400千字
版　　次	/ 2023年4月第1版　2025年3月第5次印刷
定　　价	/ 200.00元（全五册）

责任编辑 / 王琪美
文案编辑 / 陈莉华
责任校对 / 刘亚男
责任印制 / 王美丽

图书出现印装质量问题，请拨打售后服务热线，本社负责调换

这就是科学

公 园

米莱童书 著·绘

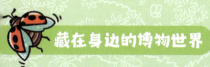
藏在身边的博物世界

北京理工大学出版社
BEIJING INSTITUTE OF TECHNOLOGY PRESS

序

近年来，自然博物类好书不断，总能让读者眼前一亮。而摆在我们面前的这套《这就是科学：藏在身边的博物世界》，也着实令人惊喜不已！

"科学"产生之前，先有的"博物"。"博物"可以包含什么内容？诸如本套书之分册——超市里、公园中、我的家，以及在海洋馆和博物馆内，都有无数的"物"。这些"物"，不仅有动物、植物、古生物、微生物、矿物，还有食物、谷物、作物、药物、文物、器物、饰物、化合物、混合物、吉祥物……

博物学，可以理解为人类之于自然万物的观察、记录、分类、描述等活动，它包括但不限于天文、地理、生物、生态、环境等学科所涉及的内容。可以说，博物学是一门非常古老的学问，尤其在我国，从《诗经》《山海经》《尔雅》，到后来历朝历代相关的"博物志""地方志"，甚至志怪类小说，都不乏对动植物的记录、解释或训诂。

我们小时候，在护城河游泳，掏鸟窝，粘知了，捉蝴蝶和蜻蜓，可以玩泥巴，拔老根儿……我家在天坛公园附近，儿时，打开窗户便可见"两个黄鹂鸣翠柳"，出门就有"一行白鹭上青天"。

而今天的小朋友，已经完全没有了那些"实践"，他们不是通过自己的观察、研究以及探索而获得的知识，而是通过手机，或者互联网、社交媒体等途径获得的一些知识，与其说是知识，不如说是零碎的信息，或者片面的结论。

2010年，我到国家动物博物馆工作之初，便积极倡导"博物学启蒙教育"。正是希望孩子们能够回归大自然，找回他们的自然属性。我们人类是地球、大自然的一分子，通过博物学启蒙教育，让孩子们不仅知识丰富，即博学，而且更要有博爱的情怀，让他们学会如何发现美，如何感受善良，如何体会到什么是真爱！最终他们成人之后，可以做到"博雅""博智"。

我相信，这套书的初衷，就是将我们在生活中发现的各种有趣的、好玩儿的、新奇的事情和小朋友们分享。希望每一位小读者"多识于鸟兽草木之名"，博学、博爱、博雅！是为序。

张劲硕 博士、研究馆员
国家动物博物馆副馆长
2022 年 **8** 月 **31** 日于动博

目 录

- 草地里的隐秘角落 ········· 06
- 花丛中的奇幻世界 ········· 20
- 树林里的快乐生活 ········· 34
- 屋檐下的生存之道 ········· 50
- 池塘里的美丽"雄"姿 ······ 64

对于大多数小朋友来说,

最经常玩耍的地方就是公园了。

它神秘而有趣,有很多叫不出名字的动、植物在此安家。

你是否经常听到叽叽喳喳的鸟叫声和安静时的虫鸣声,好奇它们到底在聊什么?今天就带你去探访它们的生活。

嘘,放轻脚步,它们的家到了!

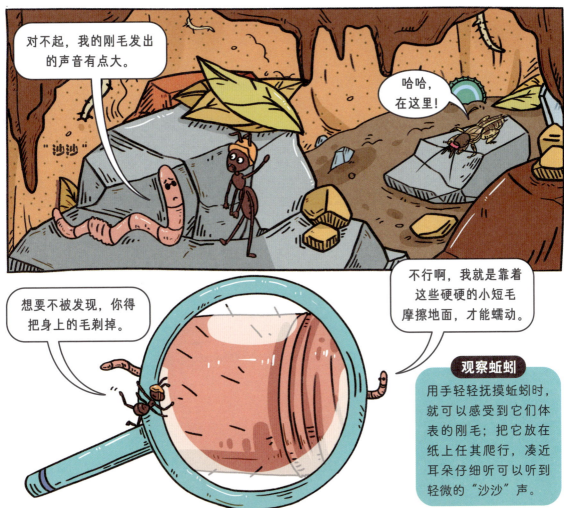

② 花丛中的奇幻世界

公园中最美丽的景色，莫过于这片五彩斑斓的花海。拨开花丛，会看到哪些有趣的动、植物呢？

胡蜂
- 别称 大黄蜂
- 属性 节肢动物 - 昆虫
- 特点 性情凶猛。

蜜蜂
- 别称 土蜂
- 属性 节肢动物 - 昆虫
- 特点 采蜜、酿蜜小能手。

金鸡菊
- 别称 小波斯菊
- 属性 草本植物
- 特点 耐寒耐旱，适应性强。

柑橘凤蝶
- 别称 胡蝶
- 属性 节肢动物 - 昆虫
- 特点 美丽娇艳的外形。

蜜蜂在采蜜前,会先派出一些侦查蜂出去寻找蜜源。

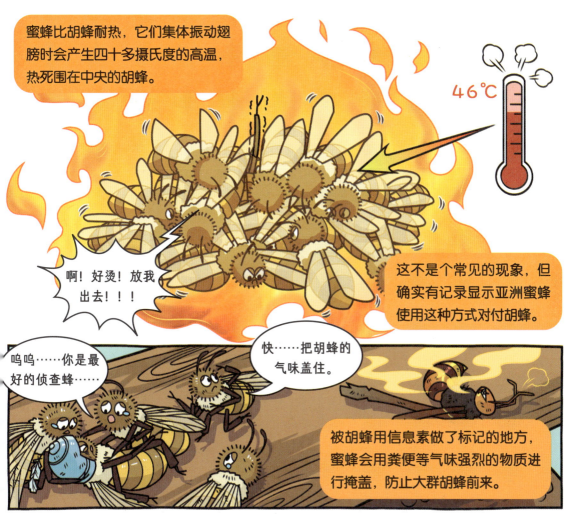

3 树林里的快乐生活

很多童话故事都是发生在森林里,因为森林里人迹罕至又神秘莫测。在这里隐藏着各种有趣的生物们,它们在这里祥和而又快乐地生活着。

双叉犀金龟
别称 独角仙
属性 节肢动物-昆虫
特点 头上长角的大力士。

蜗牛
别称 水牛儿
属性 软体动物-腹足类
特点 凡过必留痕迹。

瓢虫
别称 花大姐
属性 节肢动物-昆虫
特点 身体像一个瓢。

蜗牛分泌的黏液会使爬行的表面更加光滑，使腹部变得像吸盘一样，牢牢吸附在物体表面。

蝉

俗称知了，因其洪亮的鸣叫声与"知了"发音很像而得名。其实只有雄性的蝉会鸣叫，因为它们需要靠叫声吸引雌性。

啄木鸟敲击树木表面，通过回声确定木中是否有空洞和虫子的位置。

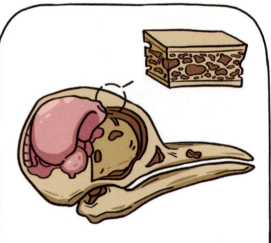

啄木鸟的头骨是中空的，并且外刚内柔，内里是一层特殊的凝胶液体，能够在减轻重量的同时减缓啄木时的振动。

瓢虫靠翅膀飞行，在翅膀上还有两片叫作"鞘翅"的硬壳。

4 屋檐下的生存之道

公园里有很多像这样供人休憩的亭子,当你坐下休息时,不妨留意四周,说不定会有意想不到的发现。

北京雨燕
- **别称** 楼燕
- **属性** 脊椎动物-鸟类
- **特点** 除繁殖期,终生飞行不落地。

蝙蝠
- **别称** 燕巴虎
- **属性** 脊椎动物-哺乳类
- **特点** 唯一会飞的哺乳动物。

黄鼬
- **别称** 黄鼠狼
- **属性** 脊椎动物-哺乳类
- **特点** 放的屁是真正的"毒气"。

蛇
- **别称** 长虫
- **属性** 脊椎动物-爬行类
- **特点** 传说是龙在现实中的化身。

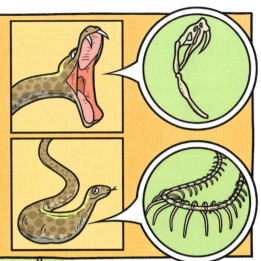

蛇为什么能吞下比自己还大的猎物？

人的嘴只能张开30°。

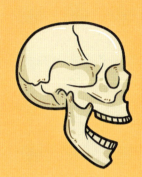

蛇的上下颌可以分开，非常灵活，不仅能张合，还能左右活动，吞咽时可以张开130°。

蛇身体的肌肉可以扩张很大，肋骨也可以舒展开来。

好臭！

遇到危险时，黄鼬会喷出一种刺激性的液体，使敌人恶心呕吐、头晕目眩，甚至昏迷不醒。

既然这样，可别怪我不客气了。

我这才是适者生存！

哎？那只老鼠跑哪儿去了？

蝙蝠超能力——"回声定位"

当我们在山谷中大喊时,会听到山谷在重复我们的话。

这是因为声音碰到障碍物时会弹回来,这被称为"回声"。

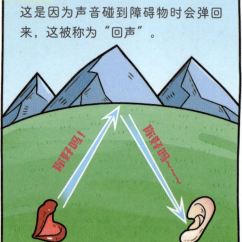

蝙蝠飞行时会发出尖锐的叫声,再用灵敏的耳朵收集周围传来的回声。回声会告诉蝙蝠附近物体的位置和大小,以及物体是否在移动。这个能力被称为"回声定位"。

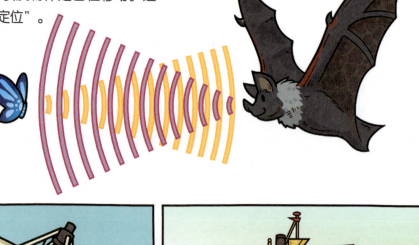

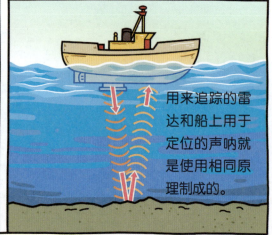

用来追踪的雷达和船上用于定位的声呐就是使用相同原理制成的。

本书物种的博物学分类

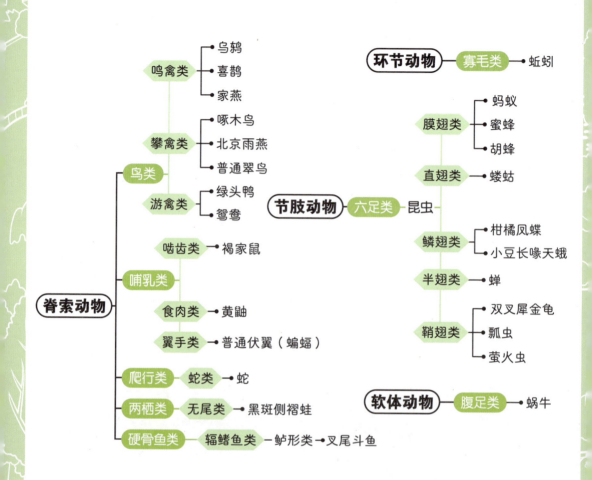

作者团队

审读推荐 张劲硕 中国科学院动物研究所国家动物博物馆副馆长

全书审读 史 军 中国科学院植物研究所博士

脚本知识作者 李维阳 笔名二猪，科普作家，自幼喜爱动物，热爱大自然，笃爱博物学，曾饲养过300多种动物，长期致力于青少年博物学科普教育，在中央电视台、北京广播电视台、中国科协等多家媒体机构担任常驻嘉宾、科学顾问等。

米莱童书

米莱童书是由国内多位资深童书编辑、插画家组成的原创童书研发平台。旗下作品曾获得2019年度"中国好书"，2019、2020年度"桂冠童书"等荣誉；创作内容多次入选"原动力"中国原创动漫出版扶持计划。作为中国新闻出版业科技与标准重点实验室（跨领域综合方向）授牌的中国青少年科普内容研发与推广基地，米莱童书一贯致力于对传统童书进行内容与形式的升级迭代，开发一流原创童书作品，适应当代中国家庭更高的阅读与学习需求。

策 划 人： 刘润东　王琪美

原创编辑： 王晓北

漫画绘制： Studio Yufo　露可一夏美术工作室

装帧设计： 张立佳　刘雅宁
　　　　　　辛 洋　苗轲雯

版权专有　侵权必究

图书在版编目（CIP）数据

这就是科学：藏在身边的博物世界：全5册 / 米莱
童书著绘. -- 北京：北京理工大学出版社，2023.4（2025.3 重印）

　　ISBN 978-7-5763-2208-8

Ⅰ.①这… Ⅱ.①米… Ⅲ.①科学知识—少儿读物
Ⅳ.①Z228.1

中国国家版本馆CIP数据核字(2023)第048563号

出版发行 / 北京理工大学出版社有限责任公司	
社　　　址 / 北京市丰台区四合庄路 6 号	
邮　　　编 / 100070	
电　　　话 /（010）82563891（童书出版中心）	
网　　　址 / http://www.bitpress.com.cn	
经　　　销 / 全国各地新华书店	
印　　　刷 / 雅迪云印（天津）科技有限公司	
开　　　本 / 710毫米 × 1000毫米　1 / 16	责任编辑 / 王琪美
印　　　张 / 25	文案编辑 / 陈莉华
字　　　数 / 400千字	责任校对 / 刘亚男
版　　　次 / 2023年4月第1版　2025年3月第5次印刷	责任印制 / 王美丽
定　　　价 / 200.00元（全五册）	

图书出现印装质量问题，请拨打售后服务热线，本社负责调换

这就是科学

我的家

米莱童书 著·绘

藏在身边的博物世界

北京理工大学出版社
BEIJING INSTITUTE OF TECHNOLOGY PRESS

序

近年来，自然博物类好书不断，总能让读者眼前一亮。而摆在我们面前的这套《这就是科学：藏在身边的博物世界》，也着实令人惊喜不已！

"科学"产生之前，先有的"博物"。"博物"可以包含什么内容？诸如本套书之分册——超市里、公园中、我的家，以及在海洋馆和博物馆内，都有无数的"物"。这些"物"，不仅有动物、植物、古生物、微生物、矿物，还有食物、谷物、作物、药物、文物、器物、饰物、化合物、混合物、吉祥物……

博物学，可以理解为人类之于自然万物的观察、记录、分类、描述等活动，它包括但不限于天文、地理、生物、生态、环境等学科所涉及的内容。可以说，博物学是一门非常古老的学问，尤其在我国，从《诗经》《山海经》《尔雅》，到后来历朝历代相关的"博物志""地方志"，甚至志怪类小说，都不乏对动植物的记录、解释或训诂。

我们小时候，在护城河游泳，掏鸟窝，粘知了，捉蝴蝶和蜻蜓，可以玩泥巴，拔老根儿……我家在天坛公园附近，儿时，打开窗户便可见"两个黄鹂鸣翠柳"，出门就有"一行白鹭上青天"。

而今天的小朋友，已经完全没有了那些"实践"，他们不是通过自己的观察、研究以及探索而获得的知识，而是通过手机，或者互联网、社交媒体等途径获得的一些知识，与其说是知识，不如说是零碎的信息，或者片面的结论。

2010年，我到国家动物博物馆工作之初，便积极倡导"博物学启蒙教育"。正是希望孩子们能够回归大自然，找回他们的自然属性。我们人类是地球、大自然的一分子，通过博物学启蒙教育，让孩子们不仅知识丰富，即博学，而且更要有博爱的情怀，让他们学会如何发现美，如何感受善良，如何体会到什么是真爱！最终他们成人之后，可以做到"博雅""博智"。

我相信，这套书的初衷，就是将我们在生活中发现的各种有趣的、好玩儿的、新奇的事情和小朋友们分享。希望每一位小读者"多识于鸟兽草木之名"，博学、博爱、博雅！是为序。

张劲硕 博士、研究馆员
国家动物博物馆副馆长
2022年8月31日于动博

目 录

- 不速之客 ······ 06
- 衣柜里的冬和夏 ······ 22
- 宠物乐园 ······ 38
- 多变的天气啊！······ 56

❶ 不速之客

家,是让我们最轻松自在的地方,这里永远有最关心我们的亲人和让人忘掉所有烦恼的柔软被窝。

可是,总有一些不请自来的"客人",扰乱我们平静的生活,一起来看看这些"不速之客"吧!

德国小蠊
俗称 蟑螂
属性 节肢动物-昆虫
特点 人类居室内最常见的一种昆虫。

跳蚤
俗称 革子
属性 节肢动物-昆虫
特点 昆虫界的跳高、跳远双料冠军。

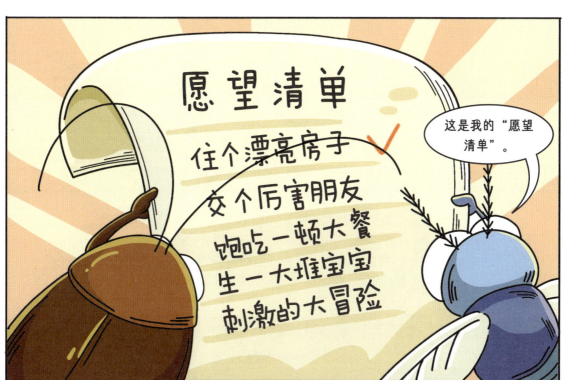
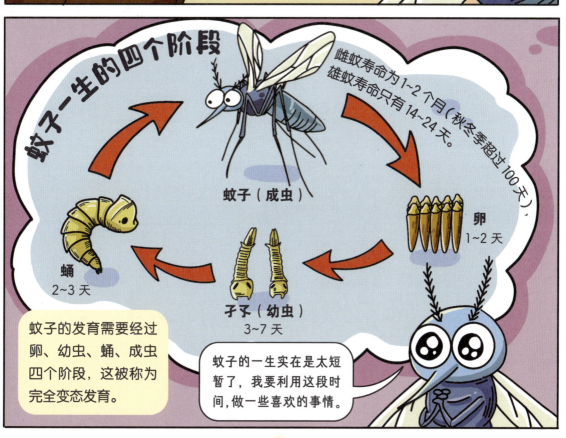

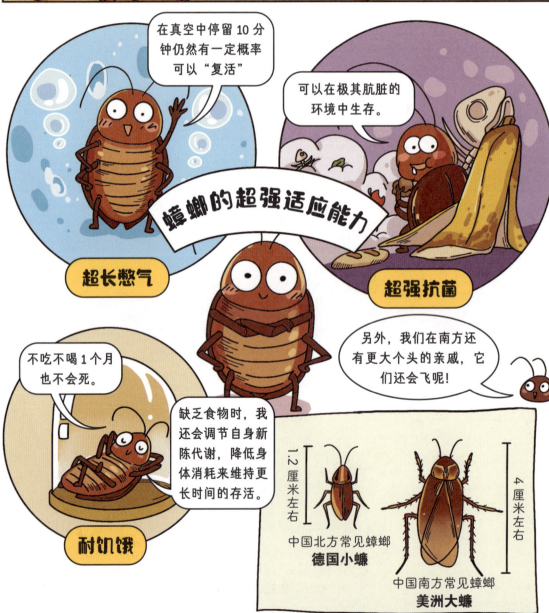

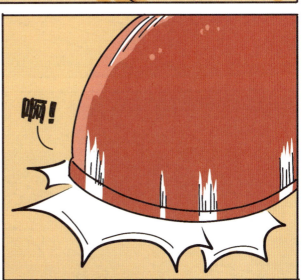

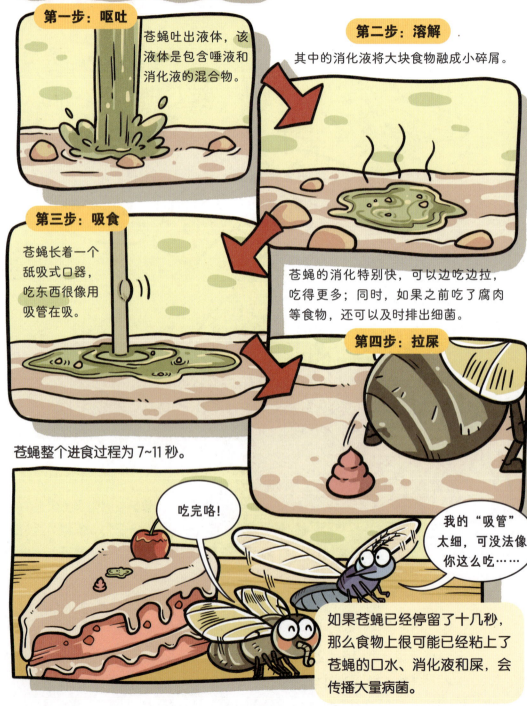

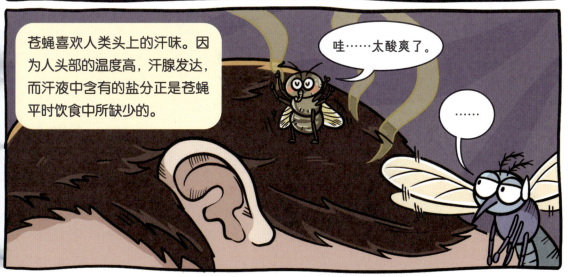

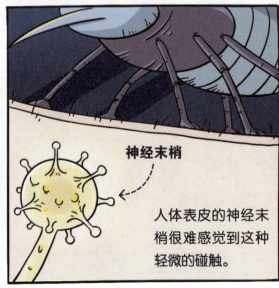

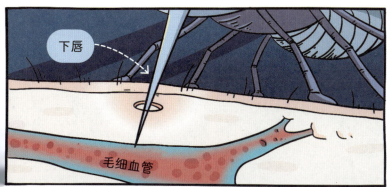

蚊子的口器是刺吸式口器，需要刺入毛细血管来吸血。

在口器刚刚刺入，还没有到达真皮层，让人感觉到疼之前，蚊子会吐出一些唾液。

这些唾液会起到麻醉、抗凝血和抑制血管收缩的作用，让蚊子吸血更顺畅，也让人体的末梢神经察觉不到蚊子在吸血。

为什么蚊子叮过的地方会"起包"并且"发痒"?

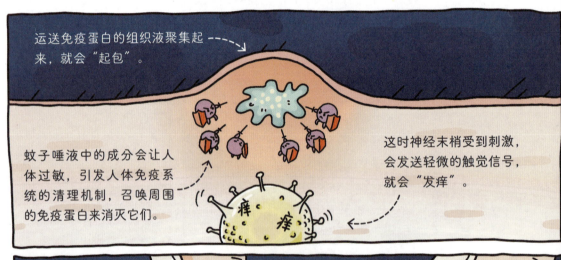

由于地理环境差异巨大，在冬天时，我国南北方的温差可达到30~50摄氏度。

"生生不息"的绵羊毛

我们绵羊的毛就像人的头发一样，会不断生长。

每年人们都会给我们剃毛，剃的时候还挺舒服的，不会伤害到我们。

剃毛时用的是推子，就像剪头发一样。在澳大利亚和新西兰还会有剃羊毛大赛，剃光一只羊只需要50秒。

某些品种的绵羊，不剃毛的话，羊毛就会一直生长，变成这个样子……

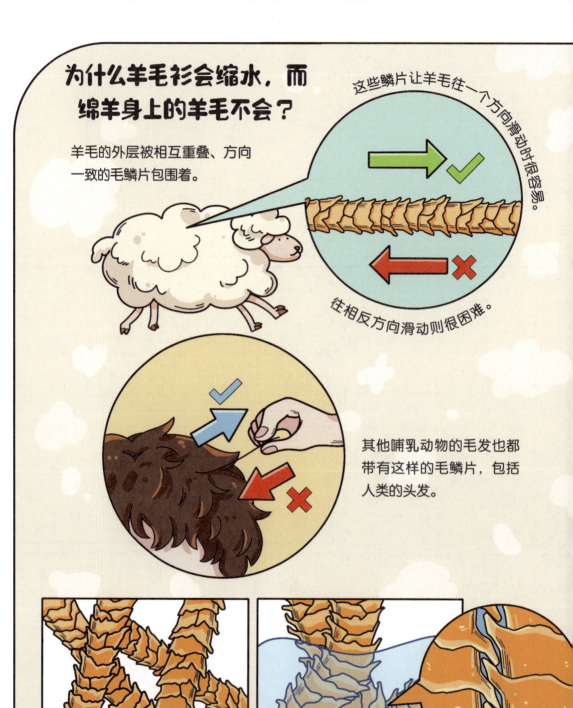

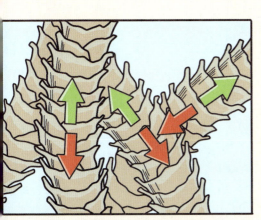

因为毛鳞片的锁定,整个纤维只会朝一个方向运动,结果就越卡越紧,无法回到原来的位置。

这时候,如果羊毛衣被反复搓洗,羊毛纤维就会彼此摩擦。这就是"缩水",也叫羊毛的"毡化"。

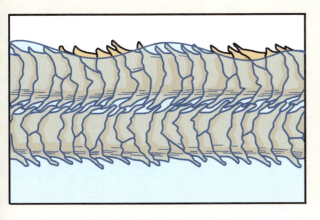

而绵羊淋雨的时候,羊毛不会像在洗衣机里那样反复揉搓,自然就不会"缩水"了。

羽绒服为什么那么暖和？

羽绒服中的羽绒由"羽"和"绒"组成。

"羽"比较硬，起支撑作用，让羽绒有弹性。

"绒"就是绒朵，可以让羽绒蓬松保暖。

绒朵是云朵状结构的，由羽核和羽丝组成。

绒丝上有许多绒枝。

绒枝上又有许多绒小枝。

绒小枝上有许多节点和数不清的微小孔隙。

在这些结构中存在着大量缝隙和空洞，可以容纳大量空气，构成完美的绝缘层，隔绝了外界的冷空气交换。

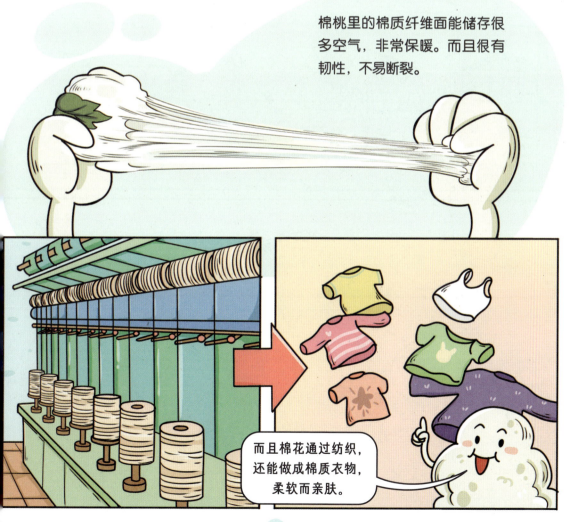

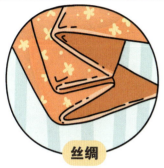

丝绸

以蚕丝制成，透气又透湿，凉爽又舒适。

涤纶

化学纤维的一种，又名聚酯纤维，可以做成很有光泽、颜色鲜艳的布料。耐光照，不易褪色。

竹子

竹子密度极高，空气无法进入，因此导热性很强，人只要一靠近它，它就可以把身上的一部分热量带走。常用于制作凉席、凉椅。

3 宠物乐园

每个人家里都有这样一处地方,这里生机勃勃而又充满欢乐,聚集了海、陆、空各类生物。

它们是家庭中的一分子,受到来自人类的悉心照顾,这就是家养动植物!

美丽硬骨舌鱼

俗称 金龙鱼
属性 脊椎动物-鱼
特点 具有跳高天赋。

家犬

俗称 狗
属性 脊椎动物-哺乳类
特点 善解人意,人类的灵魂伴侣。

某些生物的生命现象具有普遍规律，生物学家会对它们进行专门的科学研究，它们被称为"模式生物"。

线虫 被用于衰老和寿命研究。

果蝇 被用于遗传和发育研究。

小鼠 被用于解析人类基因功能与人类疾病的研究。

斑马鱼 被用于胚胎发育机理、疾病发病机制等研究。

甲鲇
俗称清道夫，非常杂食：水藻、死鱼尸体、青苔、鱼虫……只要是可以吃的它都来者不拒，统统吃掉。

那……我跟祖先非洲野猫相比，是哪里被驯化了啊？

哈哈，其实……你没有被完全驯化！看看，许多远古时期就有的天性都被保留下来了。

向往自由

独立意识

也可以说，并不是人类驯化了猫，而是猫选择和人类一起生活。

好奇心强

清洁卫生

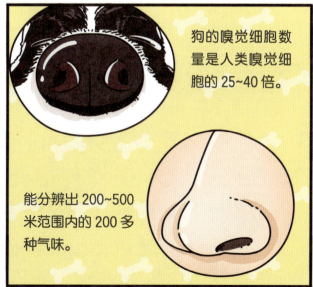

部分狗的能力还得到了特殊的培育和开发呢。

哈士奇 — 抗寒、耐力和力量。

灵缇 — 奔跑和捕猎。

拉布拉多 — 超强嗅觉用于缉毒。

④ 多变的天气啊!

都说天气就像娃娃的脸,说变就变,前一刻还晴空万里,下一秒就电闪雷鸣,下起了瓢泼大雨。

哈哈,下大雨的时候,还是待在家里好呀!

"雾"和"霾"有什么不同？

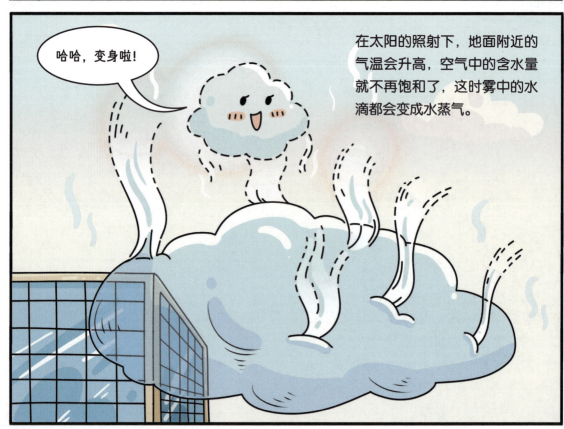

当水蒸气随着热空气上升到高空时，又会遇到冷空气。

类似形成雾的情况，高空中的水汽达到饱和，并且温度降低时，又会形成许多小水滴，这就是云。

风是怎么形成的？

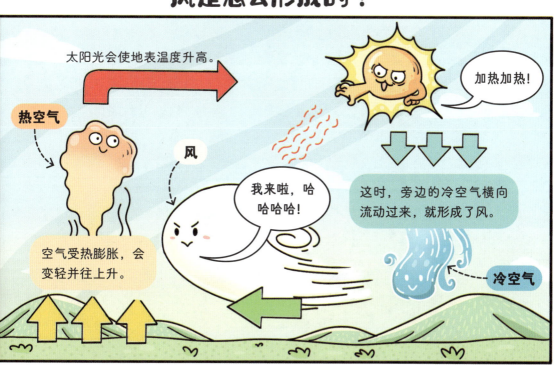

火烧云为什么是红的？

阳光中包含红、橙、黄、绿、青、蓝、紫七种颜色。

这几种光中，红光穿过空气层的本领最大，橙、黄、绿光次之，青、蓝、紫光最差。

日落时，光线是斜射的，需要穿过的空气更长。

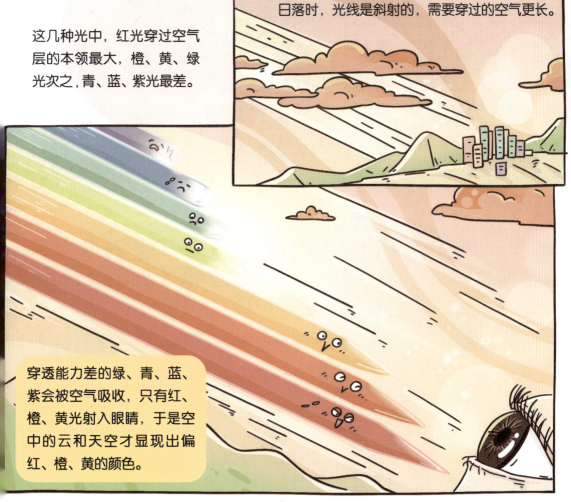

穿透能力差的绿、青、蓝、紫会被空气吸收，只有红、橙、黄光射入眼睛，于是空中的云和天空才显现出偏红、橙、黄的颜色。

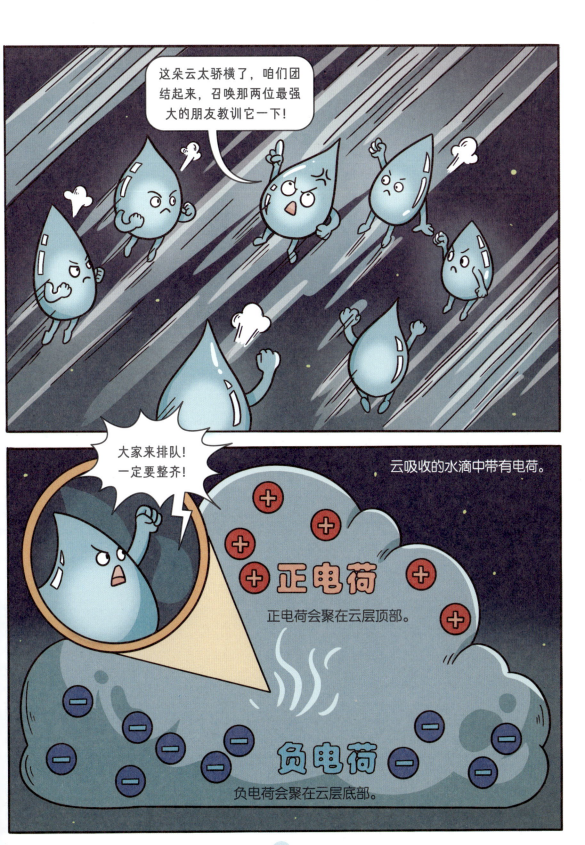

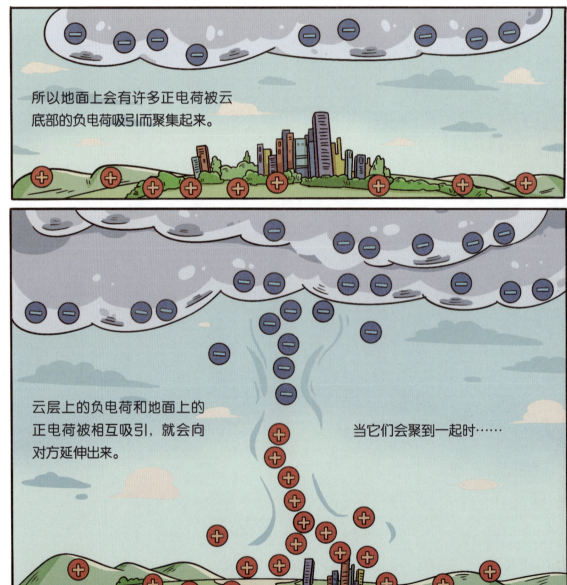

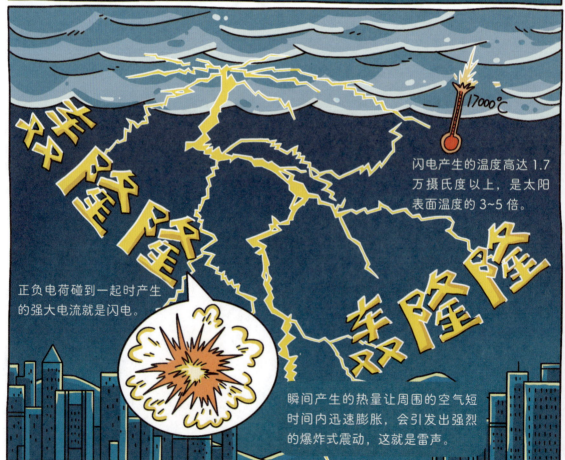

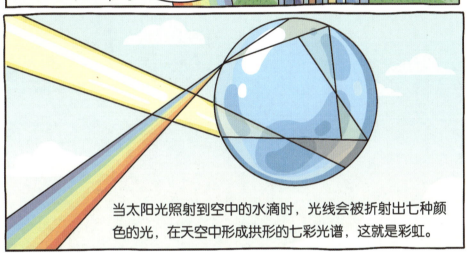

当太阳光照射到空中的水滴时,光线会被折射出七种颜色的光,在天空中形成拱形的七彩光谱,这就是彩虹。

回家啦！

原来我们的"家庭成员"这么多！它们都喜欢这里，因为这里是全世界最温暖、最安全的地方。

你喜欢它们吗？

本书物种的博物学分类

植物界 — 被子植物 — 双子叶植物 — 锦葵类 → 陆地棉（棉花）

节肢动物
- 蛛形类 → 蜘蛛
- 六足类 → 昆虫
  - 双翅类
    - 尖音库蚊
    - 家蝇
  - 蜚蠊类
    - 德国小蠊
    - 美洲大蠊
  - 蚤类 → 跳蚤

脊索动物
- 哺乳类
  - 偶蹄类 → 绵羊
  - 食肉类
    - 狼 → 家犬
    - 非洲野猫 → 家猫
- 硬骨鱼类 — 辐鳍鱼类
  - 鳉形类 → 孔雀花鳉
  - 鲤形类 → 斑马鱼
  - 骨舌鱼类 → 美丽硬骨舌鱼
  - 鲈形类 → 神仙鱼
  - 鲇形类 → 甲鲇
- 鸟类 — 鹦形类 → 鹦鹉

作者团队

审读推荐 张劲硕 中国科学院动物研究所国家动物博物馆副馆长

全书审读 史　军 中国科学院植物研究所博士

脚本知识作者 李维阳 笔名二猪，科普作家，自幼喜爱动物，热爱大自然，笃爱博物学，曾饲养过300多种动物，长期致力于青少年博物学科普教育，在中央电视台、北京广播电视台、中国科协等多家媒体机构担任常驻嘉宾、科学顾问等。

米莱童书

米莱童书是由国内多位资深童书编辑、插画家组成的原创童书研发平台。旗下作品曾获得2019年度"中国好书"，2019、2020年度"桂冠童书"等荣誉；创作内容多次入选"原动力"中国原创动漫出版扶持计划。作为中国新闻出版业科技与标准重点实验室（跨领域综合方向）授牌的中国青少年科普内容研发与推广基地，米莱童书一贯致力于对传统童书进行内容与形式的升级迭代，开发一流原创童书作品，适应当代中国家庭更高的阅读与学习需求。

策 划 人： 刘润东　　王琪美

原创编辑： 王晓北

漫画绘制： Studio Yufo　　露可一夏美术工作室

装帧设计： 张立佳　　刘雅宁

　　　　　　 辛　洋　　苗轲雯

版权专有　侵权必究

图书在版编目（CIP）数据

这就是科学：藏在身边的博物世界：全5册 / 米莱
童书著绘. -- 北京：北京理工大学出版社，2023.4（2025.3 重印）

ISBN 978-7-5763-2208-8

Ⅰ.①这… Ⅱ.①米… Ⅲ.①科学知识—少儿读物
Ⅳ.①Z228.1

中国国家版本馆CIP数据核字(2023)第048563号

出版发行 /	北京理工大学出版社有限责任公司
社　　址 /	北京市丰台区四合庄路 6 号
邮　　编 /	100070
电　　话 /	（010）82563891（童书出版中心）
网　　址 /	http://www.bitpress.com.cn
经　　销 /	全国各地新华书店
印　　刷 /	雅迪云印（天津）科技有限公司
开　　本 /	710毫米×1000毫米　1 / 16
印　　张 /	25
字　　数 /	400千字
版　　次 /	2023年4月第1版　2025年3月第5次印刷
定　　价 /	200.00元（全五册）

责任编辑 /	王琪美
文案编辑 /	陈莉华
责任校对 /	刘亚男
责任印制 /	王美丽

图书出现印装质量问题，请拨打售后服务热线，本社负责调换

这就是科学
海洋馆

米莱童书 著·绘

藏在身边的博物世界

北京理工大学出版社
BEIJING INSTITUTE OF TECHNOLOGY PRESS

序

近年来，自然博物类好书不断，总能让读者眼前一亮。而摆在我们面前的这套《这就是科学：藏在身边的博物世界》，也着实令人惊喜不已！

"科学"产生之前，先有的"博物"。"博物"可以包含什么内容？诸如本套书之分册——超市里、公园中、我的家，以及在海洋馆和博物馆内，都有无数的"物"。这些"物"，不仅有动物、植物、古生物、微生物、矿物，还有食物、谷物、作物、药物、文物、器物、饰物、化合物、混合物、吉祥物……

博物学，可以理解为人类之于自然万物的观察、记录、分类、描述等活动，它包括但不限于天文、地理、生物、生态、环境等学科所涉及的内容。可以说，博物学是一门非常古老的学问，尤其在我国，从《诗经》《山海经》《尔雅》，到后来历朝历代相关的"博物志""地方志"，甚至志怪类小说，都不乏对动植物的记录、解释或训诂。

我们小时候，在护城河游泳，掏鸟窝，粘知了，捉蝴蝶和蜻蜓，可以玩泥巴，拔老根儿……我家在天坛公园附近，儿时，打开窗户便可见"两个黄鹂鸣翠柳"，出门就有"一行白鹭上青天"。

而今天的小朋友，已经完全没有了那些"实践"，他们不是通过自己的观察、研究以及探索而获得的知识，而是通过手机，或者互联网、社交媒体等途径获得的一些知识，与其说是知识，不如说是零碎的信息，或者片面的结论。

2010年，我到国家动物博物馆工作之初，便积极倡导"博物学启蒙教育"。正是希望孩子们能够回归大自然，找回他们的自然属性。我们人类是地球、大自然的一分子，通过博物学启蒙教育，让孩子们不仅知识丰富，即博学，而且更要有博爱的情怀，让他们学会如何发现美，如何感受善良，如何体会到什么是真爱！最终他们成人之后，可以做到"博雅""博智"。

我相信，这套书的初衷，就是将我们在生活中发现的各种有趣的、好玩儿的、新奇的事情和小朋友们分享。希望每一位小读者"多识于鸟兽草木之名"，博学、博爱、博雅！是为序。

张劲硕 博士、研究馆员
国家动物博物馆副馆长
2022 年 **8** 月 **31** 日于动博

目 录

- 海陆之交 ········ 06
- 蓝色海洋 ········ 22
- 深渊王国 ········ 38
- 珊瑚之海 ········ 50
- 极地冰川 ········ 62

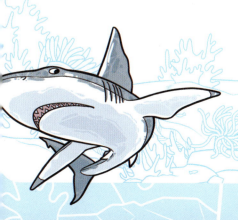

1 海陆之交

潮间带是一片神奇的区域。涨潮时被潮水淹没，退潮时露出陆地，每6个小时交换一次。这里时而潮湿、时而干燥、时而寒冷、时而酷热。能生活在这里的各个都是"狠角色"。

红树
属性　木本植物
特点　海岸卫士、消浪先锋。

虾虎鱼
属性　硬骨鱼纲 - 虾虎鱼科
外形　身材短小，模样蠢萌。
特点　鱼类第一大家族。

招潮蟹
属性　软甲纲 - 十足目 - 沙蟹科
外形　火柴棒般突出的眼睛，一只大螯（钳子）占身体一半。

寄居蟹
属性　软甲纲 - 十足目 - 寄居蟹科
外形　长相介于虾和蟹之间，寄居在螺壳内。
特点　爱抢别人的"屋子"来住。

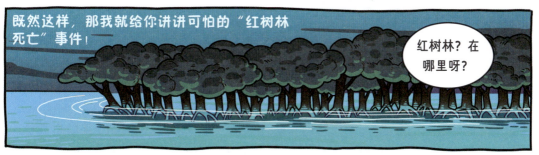

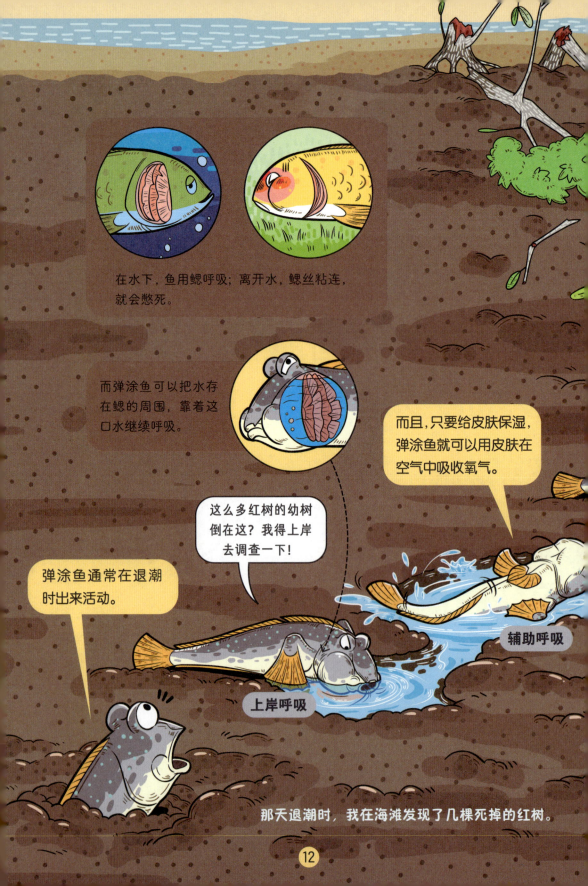

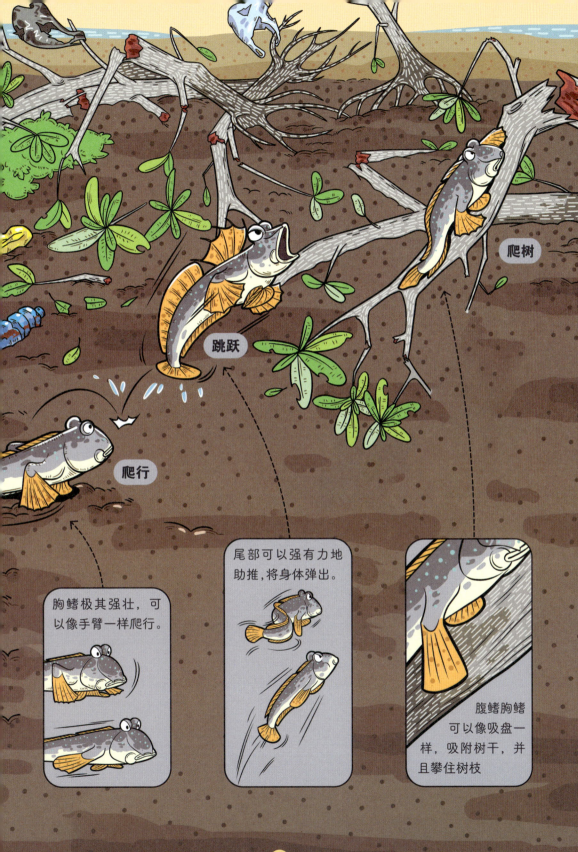

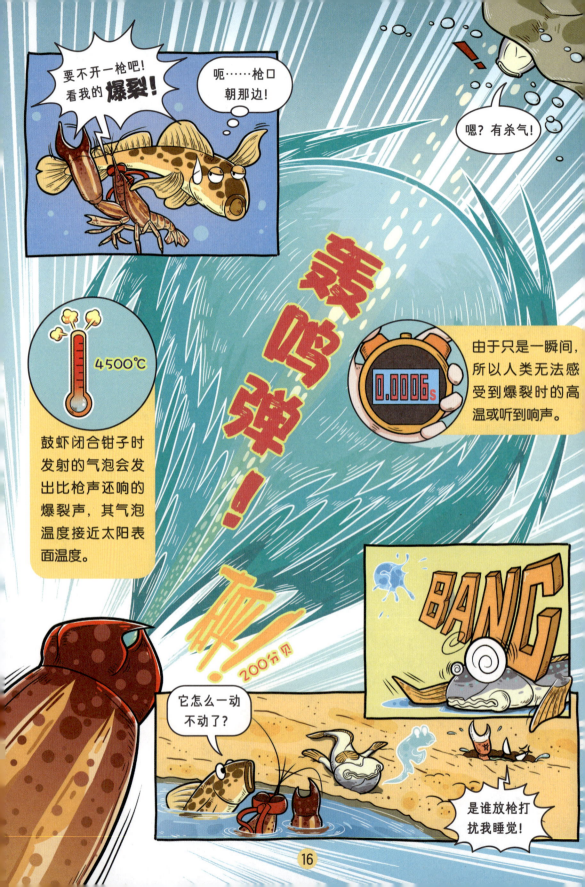

旗鱼
属性 辐鳍鱼纲 - 鲈形目
外形 体型巨大，长而扁，如迎风招展的旗帜。
特点 鱼之游泳冠军。

大白鲨
别称 噬人鲨
属性 软骨鱼纲 - 鼠鲨目
外形 身体呈纺锤形，牙如细锯齿般尖锐，成年鲨一般体长4~6米。
特点 最凶残的鲨类之一。

翻车鲀
属性 辐鳍鱼纲 - 鲀形目
外形 体长可达 3.0~5.5 米，卵圆形，外表呆滞。
特点 神经极其迟钝。

飞鱼
属性 辐鳍鱼纲 - 鹤鱵目
外形 一对如飞鸟翅膀的胸鳍。
特点 可以飞出水面。

海蜇
属性 钵水母纲 - 根口水母目
外形 柔软、透明，呈倒扣的碗状或伞形。
特点 柔软而不柔弱。

❷ 蓝色海洋

在清澈的大洋区，阳光可以穿透 200 米左右的海水，生活在这里的居民也都各具特色：游泳健将、海洋巨兽、伪装大师、长寿之星……

虎鲸
- **属性** 哺乳纲 - 偶蹄目
- **外形** 平均长度 8 米，头部圆锥形，身体呈纺锤形。
- **特点** 海上霸主。

蝠鲼
- **别称** 魔鬼鱼
- **属性** 软骨鱼纲 - 燕𫚉目
- **外形** 身体扁平，胸鳍宽大，如鸟的双翼。
- **特点** 出行时身携多鱼，极具安全感。

海龟
- **属性** 爬行纲 - 龟鳖目
- **外形** 上有背甲，下有腹甲，四肢桨状。
- **特点** 最长寿的海洋动物。

沙丁鱼
- **属性** 辐鳍鱼纲 - 鲱形目
- **外形** 细长的银色小鱼，体长 15~30 厘米。
- **特点** 庞大家族做后盾。

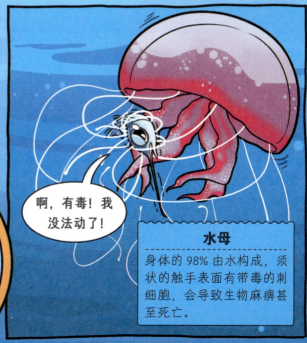

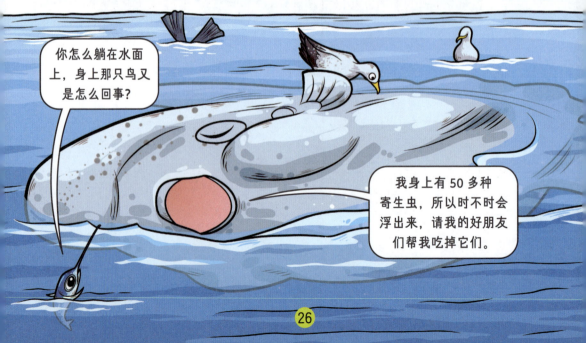

小旗鱼成长日记

尾鳍有力才能保证速度!

锋利的长颌是它的优势!

吃得更多,才能游得更快!

出生一年后,体长1.5米以上。

哈哈!我觉得我已经强到可以挑战鲨鱼了!

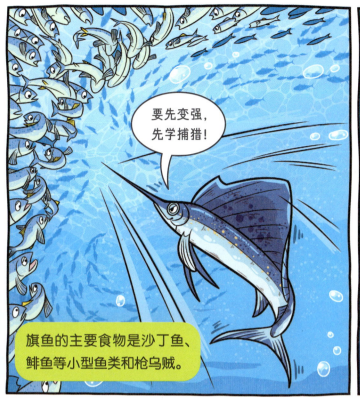

中层带

3 深渊王国

海洋深处，是一个我们未知的世界。人们对这片空间的了解甚至比对外太空的了解更少。

生活在深海的生物，全部拥有堪比超级英雄的身体构造，体内的超高压构，足以抗衡外部巨大的水压。

大王乌贼 — 枪形目
- 属性 头足纲 — 枪形目
- 外形 圆锥形身体，八条腕，体长约13米
- 特点 传说中"北海巨妖"的原型。

普通人游泳时，最多下潜十几米；潜水运动员借助工具可以下潜到100米左右，这已经是人类潜水的极限了。水下越深的地方，水压越强，对身体的负担就越大。

水下300米

皇带鱼
- 属性 辐鳍鱼纲 — 月鱼目
- 外形 身体细长，呈带状。
- 特点 世界最长硬骨鱼。

甘氏巨螯蟹
- 属性 软甲纲 — 十足目
- 外形 长3米多，十条蟹爪长而尖利。
- 特点 现生最大甲壳动物。

水下500米

两年前,我被一头抹香鲸抓住了,我们虽然是天敌,但弱肉强食是大海的法则,所以我并不恨它。

抹香鲸

抹香鲸,雄性体长可达18米,体重约45吨,是现存最大的齿鲸(有牙齿的鲸鱼),寿命一般为70岁。主要的食物是大王乌贼,为了觅食会下潜到海平面2000米以下,潜水时间可达1.5小时之久。

你真的不吃我?

呵呵呵,我已经70多岁啦,很快就要死了。临死之前,希望你……答应我一件事情。

一鲸落 万物生

最浪漫的死亡——鲸落

鲸鱼的沉落，可以供养大量的生物存活。

最初的3.6~18个月，会有近40种食腐动物聚集鲸鱼起来，吃掉鲸鱼身上大部分的肉和柔软的部分。

鲸类的尸体坠落，以及供养大量生物存活的过程称为"鲸落"。鲸落可持续几十年甚至上百年，在这个过程中，会维持数以万计生物体的存活。因此人们常说："一鲸落，万物生。"

铠甲虾：体长5~7厘米，栖息在水下1000米下，以沉到海底的动植物碎屑为食。

睡鲨：寿命可达400岁，可能是世界上寿命最长的脊椎动物。

感恩巨鲸！

感恩巨鲸，给我们带来了食物，还赠与我们赖以生存的空间。

已经这么深了，鲸鱼到底在哪儿啊？

水下1000米

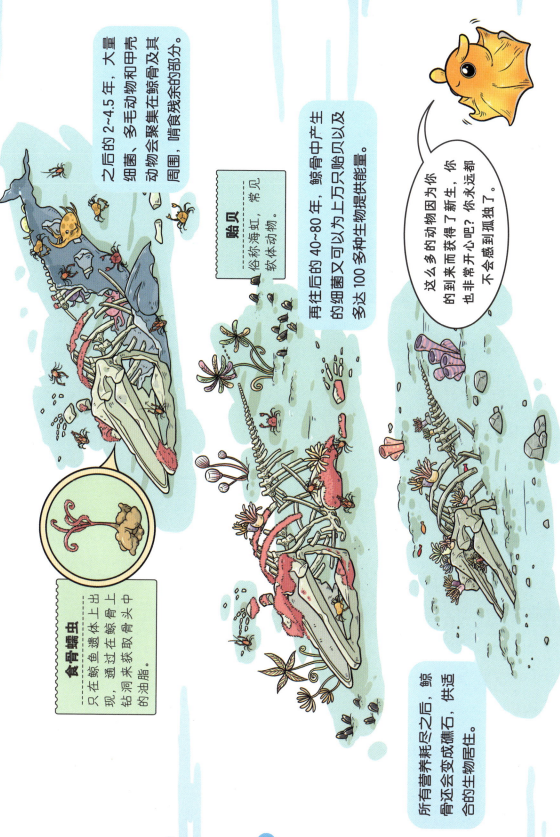

④ 珊瑚之海

在深海和浅海中均有存在，是许多动植物的家园，大量鱼类在这里长大，无数蠕虫、虾蟹、海绵、贝类、海星在这里觅食谋生；是海洋中物种最丰富的地带，被生物学家称为"海洋中的热带雨林"。

纵带盾齿鳚
- 别称　三带盾齿鳚
- 属性　硬骨鱼纲 - 鲈形目
- 外形　与裂唇鱼外形相似，牙齿尖锐。
- 特点　冒充裂唇鱼，坑蒙拐骗。

大法螺
- 属性　软体动物 - 腹足纲
- 外形　大贝壳，呈圆锥或海螺形。
- 特点　珊瑚礁的守护者。

棘冠海星
- 属性　棘皮动物 - 海星纲
- 外形　犹如大圆盘，上端长满棘。
- 特点　珊瑚礁的最大破坏者。

海马
- 属性　硬骨鱼纲 - 刺鱼目
- 外形　体长5~30厘米，头部呈马头状。
- 特点　生活在海洋中的"马"。

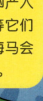

大法螺

一种肉食性的螺，它的身体不怕棘冠海星的毒，可以爬到棘冠海星身上，用齿舌钻孔，然后把嘴伸到棘冠海星体内吸食棘冠海星的血肉，是棘冠海星的天敌。

5 极地冰川

地球南、北两端的极地被严寒统治着,气温最低能达到 -70℃ 以下。北极的大部分地区是被海冰覆盖的白色海洋,被称为北冰洋。南极的大部分地区是被冰雪覆盖着的大陆,被称为南极洲。

漂泊信天翁

别称 呆鸥

属性 鸟纲 - 鹱形目

外形 体长 70~140 厘米,全身雪白,翅膀一圈褐色,嘴巴尖锐弯曲,神态严肃。

特点 一生一世一双鸟。

帝企鹅

属性 鸟纲 - 企鹅目

外形 身高 80~120 厘米,颈部黄色,腹部白色,背部黑色。

特点 企鹅里的大高个。

南极洲

豹形海豹

属性 哺乳纲 - 鳍足目

外形 身长 3~4 米,头部巨大,身体蜿蜒,全身绒毛,遍布黑斑。

特点 脾气暴躁,处于南极食物链顶端。

大海雀

- **别称** 已灭绝的"北极企鹅"
- **属性** 鸟纲 - 鸻形目
- **外形** 外观略似企鹅，体长 75~80 厘米。
- **特点** 早已灭绝的北极企鹅。

海狮

- **属性** 哺乳纲 - 鳍足目
- **外形** 体长不超 2 米，五官较小，前肢宽且长，是主要行动工具。
- **特点** 传输方式发达且多样。

北极熊

- **属性** 哺乳纲 - 食肉目
- **外形** 头小身子大，高 2 米以上。毛发透明，皮肉黑色。
- **特点** 世界上最大的陆地食肉动物。

弓头鲸

- **属性** 哺乳纲 - 偶蹄目
- **外形** 体长约 21 米，鲸须可达 3 米，全身深色。
- **特点** 最长寿的鲸鱼。

一个月后

北极的企鹅啊,我很小的时候曾经见过它们。

弓头鲸
体长 20 多米,重近 100 吨,犹如一节火车车厢,是北极最大的鲸。它们的寿命很长,部分弓头鲸的寿命可达到 200 岁以上。

北极的企鹅喜欢聚在一起,或漂浮在海面,或潜入海中捕食鱼虾。

但是,从发现它们开始,人类也一直在对它们进行大肆捕杀。

企鹅

大海雀

1844 年,北极企鹅从地球上消失了,这称为"灭绝"。后来它们被更名为"大海雀",与南极企鹅只是长相相似,其实是完全不同的物种。

极光

极地特有的自然现象，五彩缤纷，绮丽无比。有时持续几个小时，有时一闪而过；时而像一条彩带，时而像一团火，有时还像一块巨大的银幕。在自然界中还没有哪种现象能与之媲美。

> 不管行了多少路，看过多少风景，家的方向要永远记得，因为这里有你心中最美的一切！

本书物种的博物学分类

节肢动物 — 甲壳类
- 十足类
  - 寄居蟹
  - 鼓虾
  - 招潮蟹
  - 甘氏巨螯蟹
  - 铠甲虾
- 口足类 — 蝉形指虾蛄（雀尾螳螂虾）
- 无柄类 — 藤壶
- 等足类 — 巨大深水虱

脊索动物
- 硬骨鱼类
  - 鲀形类 — 翻车鲀
  - 鲱形类 — 沙丁鱼
  - 月鱼类 — 皇带鱼
  - 鮟鱇类 — 角鮟鱇鱼
  - 刺鱼类 — 海马
  - 鲈形类
    - 虾虎鱼
    - 弹涂鱼
    - 旗鱼
    - 猪齿鱼
    - 裂唇鱼
    - 纵带盾齿鳚
  - 颌针鱼类 — 飞鱼
  - 鳗鲡类 — 裸胸鳝
  - 燕𫚉类 — 蝠鲼
- 软骨鱼类
  - 鼠鲨类 — 大白鲨
- 爬行类 — 龟鳖类 — 海龟
- 哺乳类
  - 偶蹄类
    - 虎鲸
    - 抹香鲸
    - 弓头鲸
  - 食肉类
    - 豹形海豹
    - 北极熊
  - 鳍足类 — 海狮
- 无颌鱼类 — 盲鳗类 — 盲鳗
- 鸟类
  - 企鹅类 — 帝企鹅
  - 鹱形类 — 漂泊信天翁
  - 鸻形类 — 大海雀

软体动物
- 头足类
  - 烟灰蛸
  - 大王乌贼
- 腹足类 — 大法螺

棘皮动物 — 海星 — 棘冠海星

刺胞动物
- 海葵
- 水母（海蜇）

作者团队

审读推荐 张劲硕　中国科学院动物研究所国家动物博物馆副馆长

全书审读 史　军　中国科学院植物研究所博士

脚本知识作者 李维阳　笔名二猪，科普作家，自幼喜爱动物，热爱大自然，笃爱博物学，曾饲养过300多种动物，长期致力于青少年博物学科普教育，在中央电视台、北京广播电视台、中国科协等多家媒体机构担任常驻嘉宾、科学顾问等。

米莱童书

米莱童书是由国内多位资深童书编辑、插画家组成的原创童书研发平台。旗下作品曾获得2019年度"中国好书"，2019、2020年度"桂冠童书"等荣誉；创作内容多次入选"原动力"中国原创动漫出版扶持计划。作为中国新闻出版业科技与标准重点实验室（跨领域综合方向）授牌的中国青少年科普内容研发与推广基地，米莱童书一贯致力于对传统童书进行内容与形式的升级迭代，开发一流原创童书作品，适应当代中国家庭更高的阅读与学习需求。

策 划 人：刘润东　　王琪美

原创编辑：王晓北

漫画绘制：Studio Yufo　　露可一夏美术工作室

装帧设计：张立佳　　刘雅宁

　　　　　辛　洋　　苗轲雯

版权专有　侵权必究

图书在版编目（CIP）数据

这就是科学：藏在身边的博物世界：全5册 / 米莱
童书著绘. -- 北京：北京理工大学出版社，2023.4（2025.3 重印）
　　ISBN 978-7-5763-2208-8

Ⅰ.①这… Ⅱ.①米… Ⅲ.①科学知识—少儿读物
Ⅳ.①Z228.1

中国国家版本馆CIP数据核字(2023)第048563号

出版发行 / 北京理工大学出版社有限责任公司
社　　址 / 北京市丰台区四合庄路 6 号
邮　　编 / 100070
电　　话 /（010）82563891（童书出版中心）
网　　址 / http: // www.bitpress.com.cn
经　　销 / 全国各地新华书店
印　　刷 / 雅迪云印（天津）科技有限公司
开　　本 / 710毫米×1000毫米　1 / 16
印　　张 / 25　　　　　　　　　　　　责任编辑 / 王琪美
字　　数 / 400千字　　　　　　　　　　文案编辑 / 陈莉华
版　　次 / 2023年4月第1版　2025年3月第5次印刷　责任校对 / 刘亚男
定　　价 / 200.00元（全五册）　　　　　责任印制 / 王美丽

图书出现印装质量问题，请拨打售后服务热线，本社负责调换

这就是科学
博物馆

米莱童书 著·绘

藏在身边的博物世界

北京理工大学出版社
BEIJING INSTITUTE OF TECHNOLOGY PRESS

序

近年来,自然博物类好书不断,总能让读者眼前一亮。而摆在我们面前的这套《这就是科学:藏在身边的博物世界》,也着实令人惊喜不已!

"科学"产生之前,先有的"博物"。"博物"可以包含什么内容?诸如本套书之分册——超市里、公园中、我的家,以及在海洋馆和博物馆内,都有无数的"物"。这些"物",不仅有动物、植物、古生物、微生物、矿物,还有食物、谷物、作物、药物、文物、器物、饰物、化合物、混合物、吉祥物……

博物学,可以理解为人类之于自然万物的观察、记录、分类、描述等活动,它包括但不限于天文、地理、生物、生态、环境等学科所涉及的内容。可以说,博物学是一门非常古老的学问,尤其在我国,从《诗经》《山海经》《尔雅》,到后来历朝历代相关的"博物志""地方志",甚至志怪类小说,都不乏对动植物的记录、解释或训诂。

我们小时候,在护城河游泳,掏鸟窝,粘知了,捉蝴蝶和蜻蜓,可以玩泥巴,拔老根儿……我家在天坛公园附近,儿时,打开窗户便可见"两个黄鹂鸣翠柳",出门就有"一行白鹭上青天"。

而今天的小朋友,已经完全没有了那些"实践",他们不是通过自己的观察、研究以及探索而获得的知识,而是通过手机,或者互联网、社交媒体等途径获得的一些知识,与其说是知识,不如说是零碎的信息,或者片面的结论。

2010年,我到国家动物博物馆工作之初,便积极倡导"博物学启蒙教育"。正是希望孩子们能够回归大自然,找回他们的自然属性。我们人类是地球、大自然的一分子,通过博物学启蒙教育,让孩子们不仅知识丰富,即博学,而且更要有博爱的情怀,让他们学会如何发现美,如何感受善良,如何体会到什么是真爱!最终他们成人之后,可以做到"博雅""博智"。

我相信,这套书的初衷,就是将我们在生活中发现的各种有趣的、好玩儿的、新奇的事情和小朋友们分享。希望每一位小读者"多识于鸟兽草木之名",博学、博爱、博雅!是为序。

张劲硕 博士、研究馆员
国家动物博物馆副馆长
2022 年 **8** 月 **31** 日于动博

目录

- 地球诞生 ········· 06
- 生命之初 ········· 18
- 穿越巨虫时代 ········· 34
- 探秘恐龙世界 ········· 50
- 哺乳动物的崛起 ········· 64

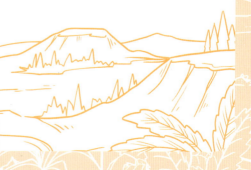

1 地球诞生

原来我们生活的地球,已经有46亿岁"高龄"了。但它还不是最年长的,那么在它以前世界到底是什么样的呢,人类赖以生存的家园又是怎样诞生的呢?

太阳

属性 恒星
栖息环境 太阳系中心
特点 太阳系老大,地球的光、热输送站。

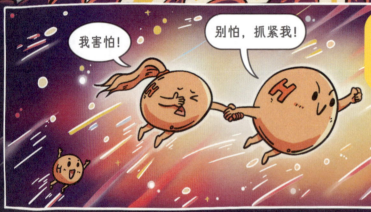

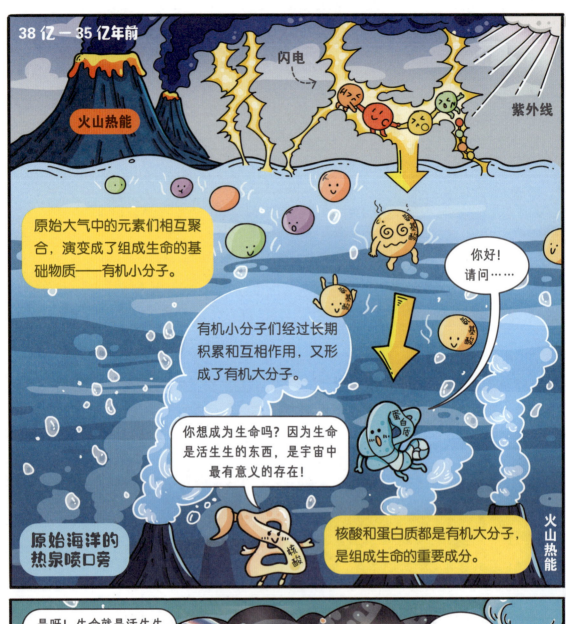
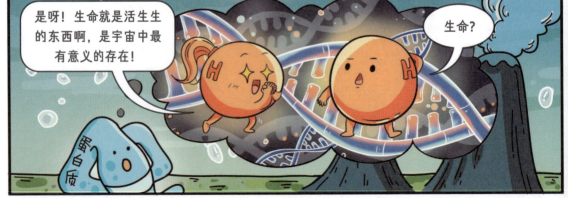

❷ 生命之初

生命坚强又脆弱，它们靠着倔强的意志曾在这个世界拥有一席之地，但最终逃不掉自然界的无限循环。而这些匆匆离去的过客们，经过数亿年的埋藏、冲刷，最终化作一块块的化石，证明它们曾存在过。

昆明鱼
- 体长 3~4厘米
- 属性 盲鳗纲
- 特点 天下第一鱼，脊椎动物祖先。

奇虾
- 体长 约2米
- 属性 节肢动物门
- 特点 寒武纪顶级霸主。

三叶虫
- 体长 多种形态，2毫米到70厘米不等。
- 属性 节肢动物门 - 三叶虫纲
- 特点 古生代生物的杰出代表。

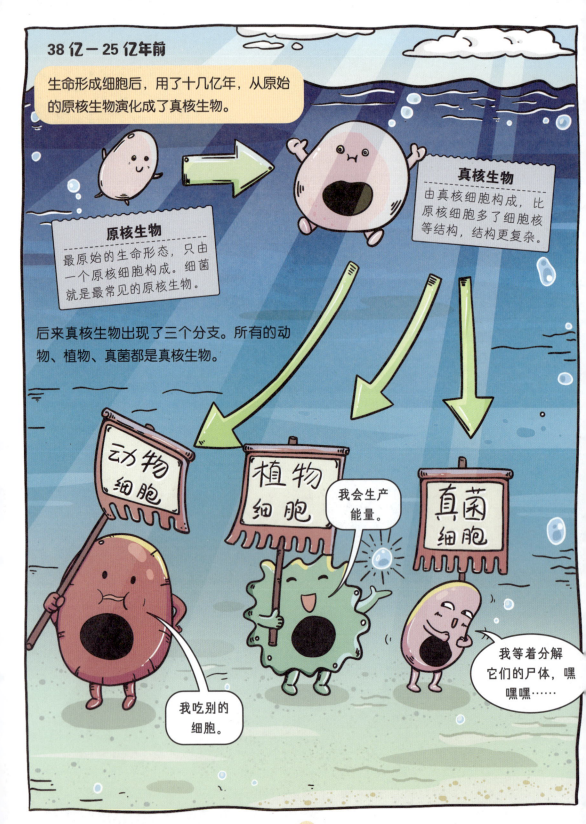

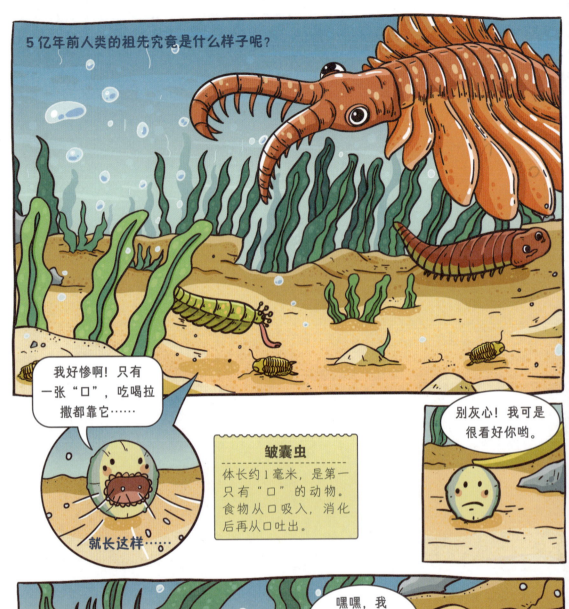

死神悄悄地降临到了地球……

来自宇宙的射线击中了地球，地球的防护罩——臭氧层出现了一个超级大洞，来自太阳的紫外线横扫地球。

紫外线杀死了海洋中的大部分浮游生物，导致了海洋中大饥荒。

地球进入了大冰川期，气候变冷，海洋结冰。

又冷又饿……好艰难啊……

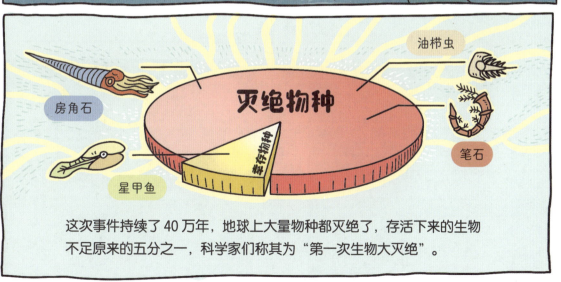

这次事件持续了40万年，地球上大量物种都灭绝了，存活下来的生物不足原来的五分之一，科学家们称其为"第一次生物大灭绝"。

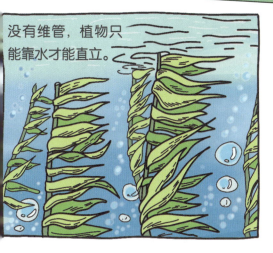

二叠纪

肺蝎
- 体长 70厘米以上
- 属性 节肢动物门
- 特点 眼神好、听力差。

巨脉蜻蜓
- 体长 75厘米左右
- 属性 昆虫纲
- 特点 最早征服天空的动物之一。

根齿鱼
- 体长 6米以上
- 属性 四足形亚纲
- 特点 石炭纪最可怕的杀手。

始螈
- 体长 4.6米左右
- 属性 两栖类与爬行类中的过渡物种
- 特点 水中生活，敢跟根齿鱼叫板。

③ 穿越巨虫时代

　　在石炭纪和之后的二叠纪，比藻类植物高级的蕨类植物占领了陆地，整个陆地出现了万木参天，密林成海的郁郁葱葱的景象。与此同时，这里也成为吸引更多生物跨越"舒适圈"的第一站！

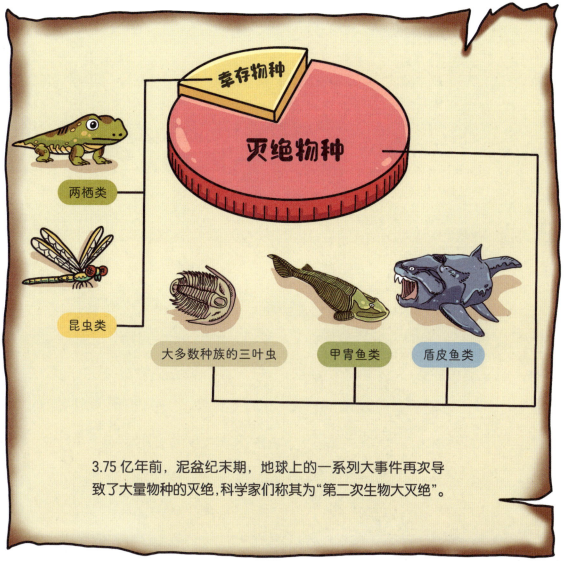

3.75亿年前,泥盆纪末期,地球上的一系列大事件再次导致了大量物种的灭绝,科学家们称其为"第二次生物大灭绝"。

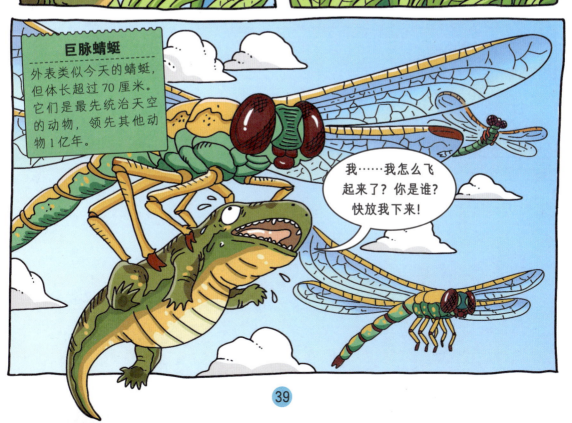

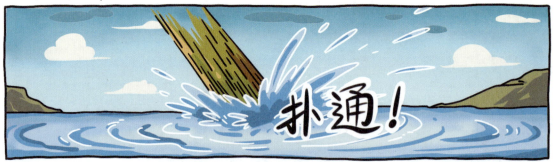

变态发育

两栖动物在生长发育过程中，幼体和成体的差别非常大。许多两栖动物的幼体在水中用鳃呼吸，发育到成体才能长出肺部上岸活动。

几千万年过去了，其他两栖动物们的生活也发生了翻天覆地的变化。

石炭纪晚期

约3亿年前

始祖单弓兽

体长50厘米左右，是最早最原始的爬行动物之一，它是兽形爬行动物的祖先，也是所有哺乳动物的祖先。

我要当爸爸了！一定要在孩子出生前赶回去！

两栖动物的卵

两栖动物的卵只能在水中发育和生长，所以两栖动物无法完全脱离水。

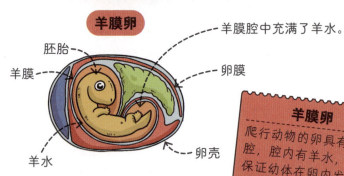

羊膜卵使爬行动物完全摆脱了水环境的束缚，彻底成为了陆生动物。

羊膜卵

爬行动物的卵具有羊膜腔，腔内有羊水，可以保证幼体在卵内发育得更成熟。这是它们与两栖动物的最大区别。

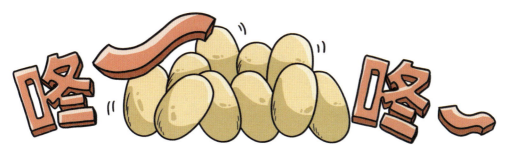

爬行动物

从两栖动物进化而来，羊膜卵使它们的幼体摆脱了水的束缚，出生时的身体结构就已经可以适应陆地生活了。

从此以后，爬行动物彻底成为陆生动物，开始向更深的陆地环境进发了。

好！我们完全适应了陆地，以后的征途就靠你们自己了！

4 探秘恐龙世界

在整个中生代接近 2 亿年的时间里，地球曾经被这样一群凶猛又强大的动物所统治，它们个体巨大、奇形怪状，它们所处的时代嗜血而危险，但令人类着迷、探究，它们就是曾经的地球霸主——恐龙。走进这里，一起探寻恐龙世界吧！

羽王龙
体长 8 米左右
属性 蜥形纲 - 羽王龙属
特点 世界上最大的带羽毛恐龙。

食肉恐龙的牙齿尖而利,可以用于捕猎动物。

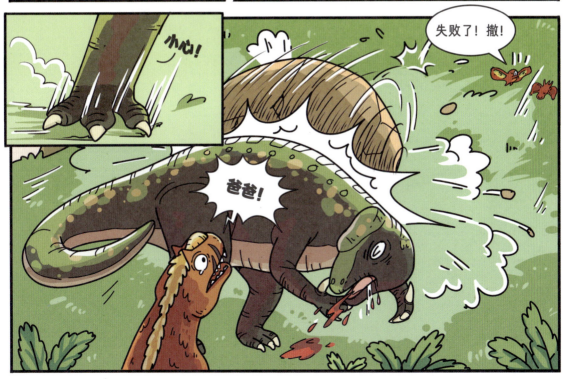

5 哺乳动物的崛起

每个时代都因不同的环境变化而衍生出新的霸主,它们或孔武有力或身材高大。而到了新生代后,虽然没有出现以武力取胜的统治者,但新出场的角色们同样"身怀绝技"。

小古猫
体长 50厘米左右
属性 哺乳纲-细齿兽科
特点 猫、狗、犬、熊等食肉动物的祖先。

骇鸟
体长 1~3米
属性 鸟纲-鹤形目
特点 速度快,很凶残。

古近纪

恐龙时代，小体型的兽形类大多躲在洞穴里过日子。

6500万年前，白垩纪末，一颗小行星撞向地球，引发了地震、海啸和火山喷发，大批森林被毁，身体巨大的恐龙、翼龙都因缺少食物而灭绝了。科学家们称其为"第五次生物大灭绝"

普若斯菊石
鸭嘴龙
鸟龙鸟
灭绝物种
幸存物种
抓握潜山鸟
普尔加托里猴

哺乳动物
幼崽吃母乳长大的动物，且全身长有皮毛来维持恒定的体温，大脑也相对更加发达。

一些小体型的兽形类成员靠着消耗少勉强存活了下来，它们就是哺乳动物。

西贝鳄
爬行动物,四肢较长,能轻易将猎物撕成碎片。

阿克琉斯基猴可能是所有灵长类动物的祖先,它们的后代包括猩猩、猴子以及人类。

本书物种的博物学分类

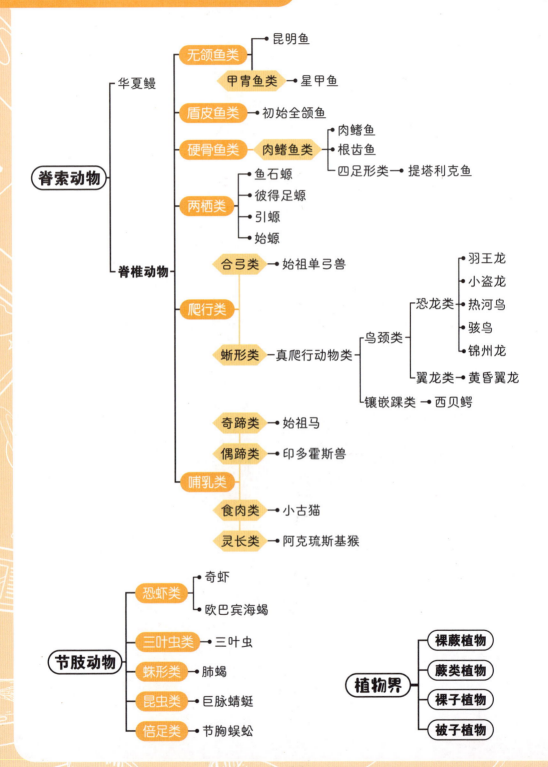

作者团队

审读推荐 张劲硕 中国科学院动物研究所国家动物博物馆副馆长

全书审读 史 军 中国科学院植物研究所博士

脚本知识作者 李维阳 笔名二猪，科普作家，自幼喜爱动物，热爱大自然，笃爱博物学，曾饲养过300多种动物，长期致力于青少年博物学科普教育，在中央电视台、北京广播电视台、中国科协等多家媒体机构担任常驻嘉宾、科学顾问等。

米莱童书

米莱童书是由国内多位资深童书编辑、插画家组成的原创童书研发平台。旗下作品曾获得2019年度"中国好书"，2019、2020年度"桂冠童书"等荣誉；创作内容多次入选"原动力"中国原创动漫出版扶持计划。作为中国新闻出版业科技与标准重点实验室（跨领域综合方向）授牌的中国青少年科普内容研发与推广基地，米莱童书一贯致力于对传统童书进行内容与形式的升级迭代，开发一流原创童书作品，适应当代中国家庭更高的阅读与学习需求。

策 划 人： 刘润东　　王琪美

原创编辑： 王晓北

漫画绘制： Studio Yufo　 露可一夏美术工作室

装帧设计： 张立佳　　刘雅宁
　　　　　　　辛 洋　　苗轲雯

版权专有　侵权必究

图书在版编目（CIP）数据

这就是科学：藏在身边的博物世界：全5册 / 米莱
童书著绘. -- 北京：北京理工大学出版社，2023.4（2025.3 重印）

ISBN 978-7-5763-2208-8

Ⅰ.①这… Ⅱ.①米… Ⅲ.①科学知识—少儿读物
Ⅳ.①Z228.1

中国国家版本馆CIP数据核字(2023)第048563号

出版发行 / 北京理工大学出版社有限责任公司	
社　　址 / 北京市丰台区四合庄路 6 号	
邮　　编 / 100070	
电　　话 /（010）82563891（童书出版中心）	
网　　址 / http://www.bitpress.com.cn	
经　　销 / 全国各地新华书店	
印　　刷 / 雅迪云印（天津）科技有限公司	
开　　本 / 710毫米×1000毫米　1 / 16	
印　　张 / 25	责任编辑 / 王琪美
字　　数 / 400千字	文案编辑 / 陈莉华
版　　次 / 2023年4月第1版　2025年3月第5次印刷	责任校对 / 刘亚男
定　　价 / 200.00元（全五册）	责任印制 / 王美丽

图书出现印装质量问题，请拨打售后服务热线，本社负责调换